KB064637

우리 모두는 형제다

우리 모두는 형제다

앙리 뒤낭이 묻고 적십자가 답하다

박경서·오영옥 지음

Sono tutti fratelli

동아시아

레바논에 사는 시리아 난민 소년 아마드. 그는 얼핏 평범해 보이지만, 실상은 계단 하나조차 오르기 힘겨워 합니다. 수년 전 시리아를 덮친 폭격으로 두 다리를 잃고, 이어서 아버지마저 잃었습니다. 살아남기 위해 국경을 넘어야만 했던 아마드 가족. 이제 소년은 의족을 신고 재활치료를 받으며 다시 꿈을 키우고 있습니다. 2011년 내전이 시작된 시리아에선 아마드와 같은 아이들의 울음소리가 끊이지 않습니다. 5년간 400여만 명이 시리아를 떠났고 인접국인 레바논에 머무는 난민만 100만 명. 내전으로 인한 사상자는 20만 명이 넘습니다. 전쟁은 일상의 행복을 순식간에 앗아 갔지만 적십자의 인도주의는 전쟁터에서도 희망의 꽃을 피워내고 있습니다.

지금에 와서는 적십자 표장을 단 수만 명의 사람들이 한 해에만 수백만 명에 이르는 사람들을 돕기 위해 전 세계를 오가고 있습니다. 그러나 이 거대한 일을 처음으로 시작한 사람은 아주 평범한, 단 한 명의 청년이었습니다.

그것은 하나의 도살장이었으며 피에 굶주리고 피 맛에 취해 날뛰는 맹수들의 싸움이었다. 부상자들조차 마지막 숨이 끊어질 때까지 서로 싸웠으며 무기를 잃어버린 자들은 적군의 목덜미를 잡고 이빨로 물어뜯었다.

– 앙리 뒤낭, 『솔페리노의 회상』

평범한 청년을 평생토록 인류애에 헌신토록 만든 것은, 그가 우연찮게 마주한 전장의 참혹한 모습이었습니다. 스위스 제네바에서 적십자를 창설하는 데 힘쓴 앙리 뒤낭이 젊은 시절 남긴 기록이 바로 이것입니다. 그는 이 사건을 계기로 인도주의에 눈뜨고, 전 세계 보편의 인류애를 확립하고자 평생을 바치게 되었습니다. 그리고 그 정신은 지금, 시간과 공간을 넘어 우리에게까지 이어져오고 있습니다.

금년 2019년 10월 27일은 대한적십자사의 창립기념일입니다. 고종 황제가 대한제국 칙령 제47호를 반포하고 대한적십자사의 설립을 세계에 알린 게 1905년 10월이었으니, 무려 114년이라는 긴 세월이 흐른 셈입니다. 제가 제29대 대한적십자사 회장으로 취임한 것도 벌써 2년을 넘었습니다. 80년이라는 긴 생애에서 저는 31년이라는 적지 않은 시간을 스위스나 독일, 네덜란드나 영국 등의 외국에서 보냈습니다. 그러던 중에 느낀한 가지 아쉬움이 있다면, 다른 나라에 비해 우리나라에서 유독 적십자정신에 대한 공유나 존중이 부족하다는 점입니다.

물론 우리나라에서도 적십자가 하는 활동에 대해 잘알고, 여러모로 지지해주는 고마운 분들이 많이 계십니다. 매해 그런 분들에게 감사의 마음으로 표장을 드릴때, 그분들의 얼굴에서 전해 오는 자애의 마음을 느낄때, 서로서로 적십자 표장을 자랑스레 내세우는 모습을볼 때마다 우리나라에도 적십자정신이 이어져오고 있음을 실감하고, 또 감사하게 됩니다.

그럼에도 불구하고 적십자사의 다양한 활동 내역을

잘 알지 못하거나, 혹은 오해를 하고 계신 국민들도 다수 있어 안타깝습니다. 또한 제도적으로 불비한 점도 있습니다. 국제기구 특수법인으로 자리매김하여 법적인 보호를 받고 있는 세계 191개 각국의 적십자사와 비교할 때, 우리나라의 적십자사는 공공기관으로 분류되어 기관 운영에 있어 행정적인 불편함을 가지고 있습니다. 적십자 창설에 앞서, 앙리 뒤낭을 위시한 설립자들이 적십자 활동의 독자성과 중립성을 확보하고자 각고의 노력을 다한 역사적 사실을 되새겨볼 때 참으로 아쉬운 일입니다.

이 책은 우리나라의 행정부와 정치인을 포함한 모든 국민이 적십자정신의 본질을 알고, 적십자 운동의 의미를 되새겨 함께 동참해줄 것을 소원하는 마음을 담은 책입니다. 스위스 역사를 전공한 제 아내 오영옥 교수가 1부를 집필하여 적십자 창립자인 앙리 뒤낭의 82년 생애와 거기 담긴 적십자정신을 이야기하고 있고, 2부에서는 제가 앙리 뒤낭의 삶이 거름이 되어 맺은 결실인 세계 적십자와 대한적십자사의 활동에 관하여 적었습니다.

금년 4월 우리 부부는 뒤낭이 59세부터 82세까지 22

년을 보낸 스위스 하이덴에 방문하여 뒤낭의 마지막 생애를 피부로 느낄 수 있었습니다. 아쉽게도 기존에 한국에 소개된 적십자와 관련한 책들은 수도 적거니와, 대개가 뒤낭이 39세에 제네바에서 추방되기 전까지의 시기로 한정된 미완성 상태였음을 깨닫게 되었습니다. 『솔페리노의 회상Un souvenir de Solférino』이라고 하는 뒤낭의 대표적 저서는 분명 의미 있는 기록이지만, 이를 넘어서서 뒤낭의 삶 전체를 조망하고, 그가 평생을 바쳐온 인류애와 적십자정신을 이해할 필요가 있음을 절실하게 느꼈습니다.

뒤낭의 설파처럼 적십자 운동은 만인이 공유하는, 진보이건 보수이건 노약자이건 젊은이건 남자이건 여자이건 다 같이 손잡고 발전시키는 인류 보편의 운동임을 모든 사람이 알아주었으면 하는 간절한 바람입니다. 그리고 그 정신을 이어받아 수천, 수만 명의 사람들이 대한적십자사의 이름 아래서 함께 애써주고 있습니다. 이들 모두가 뒤낭의 정신을 이어받은 인류애와 박애 정신의 사도입니다. 이들이 없었다면 적십자정신을 한국에서 실천하는 것도, 이 책을 쓰는 것도 불가능했을 것입니다. 대한적십자사 사무실 바로 옆에 있는 동아시아 출판사의 한성봉 사장 또한 제 뜻에 공감하여 국민들에게 소중한 뜻을 전달하기 위한 원고를 기꺼이 맡아주었습니다. 이 뜻을 이어받아 책을 편집해준 최창문 편집자는 제가 아끼는 제자 밑에서 수학하였으니 저의 손자 제자에 해당합니다. 놀랍게도 이렇게 인연이 닿게 된 것을 목도하니, 사회정의와 인류애에 대한 의지가 단절되지 않고 세대를 이어 내려올 수 있음을 실감하게 됩니다.

금년은 국제적십자사연맹이 100주년을 맞는 해인 동시에, 우리 부부에게 있어서도 50주년을 맞는 금혼의 해이기도 합니다. 적십자에 있어서도, 우리 부부에게 있어서도 몹시 중요한 해에 이런 작업을 진행하여 적십자에 바칠 수 있게 된 것을 더할 나위 없는 영광으로 생각합니다. 아무쪼록 이 졸문을 통하여 한 분이라도 더 많은 국민께서 적십자정신에 공감하고, 적십자의 활동에 지지를 보내주실 수 있게 된다면 우리 부부에게 있어서 그보다 값진 선물이 없을 것입니다. 이를 기대하며 머리말을 마칩니다.

2019년 8월 1일 오영옥. 박경서 드림

차례

2부 인류애는 우리 안에 있다:
앙리 뒤낭이 뿌린 씨앗과 대한적십자사

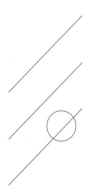

1부. 인류애는 어디로 갔는가

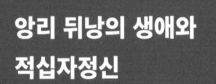

앙리 뒤낭의 생애와
적십자정신

제네바에서 싹튼 인류애의 씨앗

제네바 구도심, 법원으로 올라가는 언덕길을 따라 걷다 보면 외양이 번듯한 석조건물이 하나 놓여 있습니다. 건물의 벽에는 한 인물의 머리를 본뜬 섬세한 부조 아래, 이런 글귀가 적혀 있습니다. "적십자 창립자이자 노벨 평화상 수상자인 앙리 뒤낭이 태어난 곳". 바로 제네바 베르덴느Verdaine 12번지에 위치한 앙리 뒤낭의 생가입니다.

1828년 5월 8일 목요일, 뒤낭은 당시 제네바에서 성공한 사업자였던 아버지 장 자크 뒤낭Jean-Jacques Dunant의 첫째 아들로 태어났습니다. 유명한 학자이자 정치가였던 외조부인 앙리 콜라동Henri Colladon이 대부가 되었고,

| 뒤낭의 생가에 새겨진 부조

그 이름 앙리[Henri]를 그대로 물려받았습니다.

어린 앙리가 태어날 때 제네바는 비교적 안정된 시기였습니다. 제네바 시민들이 정치적 권리를 보장받기 위해서 당국에 대항하며 소요를 일으키던 시기도 지나갔고, 나폴레옹 1세에 의한 병합(1798~1813) 후에 벌어졌던 프랑스인들의 경제적 수탈도 조금씩 극복해나가고 있었습니다. 자부심 강한 도시국가였던 제네바는, 1815년 스위스 연방국에 가입하면서 점차 정치적인 안정을 찾아갔습니다.

유명한 대학도시이기도 했던 제네바에 상업과 공업이 꽃피는 시기이기도 했는데, 이러한 부흥의 근저에는 종교개혁의 양대 산맥 중 하나로 이름 높은 장 칼뱅[Jean Calvin](1500~1564)의 영향이 컸습니다. '하나님은 근면함을 사랑하고 게으름을 벌하신다'라고 주장했던 칼뱅은, 비록 제네바 출신은 아니었지만 1542년부터 생을 마감

할 때까지 제네바에 머무르면서 종교개혁의 기틀을 닦았습니다. 칼뱅이 중심이 되어 설립한 제네바 아카데미$^{Collège\ de\ Genève}$(오늘날의 제네바대학)는 제네바에 불어오는 변화의 바람의 중심지였습니다. 그러나 으레 산업화에 접어드는 도시들이 그러하듯이, 제네바도 산업화 초기의 진통에서 벗어날 수는 없었습니다. 노동자들의 비참한 생활환경은 개선되지 못했고, 제네바에도 굶주리는 사람들이나 거지, 고아의 수가 늘어났습니다.

1828년 11월, 어린 앙리의 부모는 돌도 지나지 않은 앙리를 데리고 오늘날 제네바역 코나방^{Cornavin} 근처에 있는 라 모네$^{La\ Monnaie}$로 이사했습니다. 그곳에서 지내는 동안 네 명의 형제자매들이 태어나기도 했지요. 라 모

| 칼뱅이 세운 제네바 아카데미

네는 레만호수와 몽블랑산맥의 전경이 눈앞에 펼쳐지는, 탁 트인 위치에 있는 넓은 농장이었습니다. 뒤낭은 훗날 라 모네에서 보낸 행복한 어린 시절을 되새기며 다음과 같이 말했다고 합니다.

> 아버지는 농장 이곳저곳에 귀한 침엽수를 심었고, 향내 나는 나무로 꾸미는 것을 즐기셨다. 그곳에는 다른 어디서도 찾을 수 없을 정도로 과즙이 풍부하고 달콤한 과일이 열리는 나무가 자랐고, 아버지는 마치 고향 같은 그 분위기를 만끽했다. 잔디밭엔 향기로운 제비꽃이 자라고 햇볕 아래에서도 이끼가 있는 곳이었다.
>
> -Yvonne Steiner, 『Herny Dunant: Biographie』

앙리의 아버지는 마르세유에 사업장이 있어서, 집을 비우는 때가 많았습니다. 어머니는 성격이 예민했고, 건강이 좋지 않아 종종 침대에 누워 지내곤 했지요. 그렇지만 부부 관계는 원만했고, 자식들에게 행복한 가정 환경을 만들어주었습니다.

아버지 장 자크는 선량한 남자로 인내심과 성실성, 책임감과 배려심에 이르기까지 여러 미덕을 갖추고 있었습니다. 마르세유에 사는 삼촌으로부터 경영 수업을 하나부터 열까지 배워 익혔고, 많은 여행을 다니면서 가다듬기까지 했지요. 삼촌에게 자식이 없었기에 유일한 상속자였던 장 자크는 마르세유의 커다란 점포에 제네바 인근의 부동산까지, 많은 유산을 받을 수 있었습니다.

1827년 37세가 된 장 자크는 가정을 이루기 위해 고향으로 돌아왔고, 1년 뒤 10세 아래의 안느-앙트와네트 콜라동Anne-Antoinette Colladon과 결혼했습니다. 위그노Huguenot* 집안의 딸이었던 그녀는 피부색이 짙고 체구는 작으며 눈동자는 검었습니다. 특별히 빼어나게 아름다운 것은 아니었지만 귀족 가문 출신임에도 겸손하고 온순한 성품을 지닌 여성이었습니다. 주위 사람들은 친근함을 담아 낸시라는 애칭으로 불렀습니다.

당시 제네바의 많은 명망가들과 마찬가지로, 앙리 뒤낭의 부모도 1830년 루이 고센Louis Gaussen(1790~1863) 목사가 설립한 '기독교 복음회'의 회원이었습니다. 당시

---

* 본래는 프랑스의 개신교 신자들을 가리키는 말로, 역사적으로는 프랑스의 칼뱅주의자들로 알려졌다. 이 경우 가톨릭 국가였던 프랑스에서 이주해 온 개신교 신자들을 의미한다. 뒤낭의 외가 또한 18세기 초 제네바로 이주해 왔다.

당시 스위스에서 르베이 운동을
주도했던 고센 목사

제네바에는 르베이^{Réveil*}라고
하는 신앙각성운동이 유행했
습니다. 이들의 주된 교리는,
"신도는 중간매개자 없이 기
도를 통해 하나님과 예수 그
리스도와 직접 공감할 수 있
다"라는 것 그리고 "성경은
하나님의 말씀이므로 읽는
사람은 글자 그대로 해석해
야 한다"라는 것이었습니다. 이에 따르면 신도들은 간
증하고 선교하고 가난한 자를 돕는 데 적극적으로 참여
해야 했습니다. 하나님의 선택을 받은 자로서 다른 인
류에게 복음을 전파할 의무가 있기 때문이었습니다.

고센 목사 또한 성경을 문자 그대로 해석했으며, 예
언자적인 설교를 통해 신도들을 열광시켰습니다. 신앙
심이 깊고 자비심이 많았던 낸시 또한 그 열광적인 신
도의 한 사람이었습니다. 말년의 뒤낭이 남긴 글이나
그림 등의 묘사에서 추정할 때, 어린 시절의 뒤낭 역시

---

* 프랑스어로 "깨어나다"라는 뜻으로, 18세기 과도한 이성주의와 교회의 제도적
경직성에 대한 반작용에서 출발한 신앙각성운동을 지칭한다.

도 고센 목사에게서 많은 영향을 받았습니다.

앙리는 어려서부터 성격이 섬세하였으며 정의감도
강했습니다. 사랑하는 어머니와 함께 종종 빈민가에 동
행해 어려운 사람들을 돕곤 했습니다. 아버지 장 자크
뒤낭은 제네바 입법회의의 의원인 동시에 제네바 후견
협회 14인위원회의 일원이기도 했습니다. 그렇게 바쁜
와중에도 어려운 사람들을 돕기 위해 애썼습니다. 한번
은 제네바 후견협회의 일로 가족을 데리고, 프랑스의
툴롱^{Toulon}에서 복역하고 있는 스위스 출신의 수감자들
을 방문했습니다. 1836년 여름의 일이었는데, 툴롱까지

쇠고랑을 찬 채로 툴롱으로 이송되는 죄수들의 모습 ©Pierre Zaccone

가는 여행길에서 본 마르세유의 거리와 놀랍도록 인상적이었던 지중해와 대조적인 감옥의 풍경은 어린 앙리에게 다른 의미에서 충격으로 다가왔습니다.

앙리는 어둡고 차가운 감옥 마당을 걸어 다니는 사람들에 대한 연민을 느꼈던 것으로 보입니다. 어린 마음에 특히나 충격적이었던 것은 그들이 쇠고랑에 묶인 채 쉬지 않고 돌을 깨거나 배의 짐을 옮기는 등 강제 노역을 하고 있었던 것입니다. 그때야말로 앙리 뒤낭의 마음속에, 고통받는 자들을 도와야겠다는 감정의 싹이 튼 순간이었던 것입니다. 감옥을 방문한 후 가족들은 제네바로 돌아왔고, 상세한 기억은 곧 뒤낭의 머릿속에서 지워졌지만 어렴풋한 인상과, 마음속에 싹튼 연민과 인류애는 그의 내면에 강하게 자리 잡았습니다.

10세가 되었을 때 뒤낭은 칼뱅이 설립한 제네바 아카데미에 입학했습니다. 그러나 종교 이외의 과목에서 성적이 매우 부진하였으며, 4학년에 낙제를 한 이후에는 결국 14세의 나이로 학교를 그만두어야 했습니다. 하지만 학교를 그만두었다고 해서 나태한 삶을 살지는 않았습니다. 아카데미에 나가지 못하는 채로 개인교습을 통해서 겨우 졸업 자격만을 땄습니다. 그런 와중에 어려서부터 이어온 봉사와 자선 활동도 멈추지 않았습니다. 자선단체의 청년 회원으로서 가난하고 병든 사람들, 죄인들을 찾아다니며 성경을 읽어주거나 구호물자를 나눠주는 등 갖은 도움을 주기 위해 애썼습니다. 그렇게 뒤낭은 어려서부터 싹튼 인류애의 씨앗을 마음속에서 계속해서 키워나가고 있었던 것입니다.

세계로 뻗어나가는 박애정신

19세가 된 청년 앙리는 은행Lullin&Sautter에서 직업 교육을 받기 시작했습니다. 출신성분도 좋고, 부유한 가정에서 자란 반듯한 외모를 가진 청년이었기에 다른 사람에게 시샘을 사거나 스스로 교만해질 법도 하건만, 뒤낭에게는 전혀 해당사항이 없는 일이었습니다. 누구보다 성실하게 업무에 임하며 주위 사람들에게서 호감을 샀고, 스스로도 은행 일이 적성에 맞았던 모양입니다. 어려서부터 칼뱅의 영향을 짙게 받았던 그는, 자신의 소명을 다함으로써 이 세상에 천국을 건설하고자 하는 의욕이 넘쳐흘렀습니다. 그 일환으로 직업 교육을 받는 도중에도 틈틈이, 생각이 같은 사람들과 모여 성경을 공부하고 토론하거나 기도회를 열기도 했습니다. 앙리에게는 약한 사람, 힘든 사람을 격려하고 힘을 북돋아주는 천성적인 재능이 있었습니다. 제네바에는 앙리 뒤낭의 '목요기도회' 외에도 젊은이들이 모여드는 신앙회합은 있었지만 '목요기도회'는 앙리와 친구들의 열성적인 헌신에 힘입어, 그중에서도 탁월한 성장세를 보였습니다. 그리고 마침내 1852년 11월 말, 제네바기독교청년회Unions chrétiennes de jeunes gens, UCJG의 탄생으로 이어졌습니다. 말하자면 스위스의 YMCAYoung Men's Christian Association입니다.

이 무렵에 뒤낭은 자신의 이름 앙리의 철자를 Henri에서 Henry로 바꾸게 됩니다. 이에 관해서 제네바의 최신 주소록에서 앙리 뒤낭Henri Dunant이라는 동명의 여자 제화공이 있다는 사실을 알게 되었기 때문이라고 밝히고 있습니다. 그녀는 수공업에 종사하는 과격한 계층의 사람들이 모여 사는 생제르베Saint-Gervais에 사는 사람이었습니다. 뒤낭은 "그녀와 나를 사람들이 착각하게 하고 싶지 않았다"라고, 이름 철자를 바꾼 이유를 남겼습니다. 이러한 기록에서 뒤낭이 계급적인 구분을 중시했던 사람이었음을 엿볼 수 있습니다. 이후의 삶에서도 그 흔적을 찾을 수 있지만, 뒤낭은 상류계급의 예법이나 신분질서에 민감한 사람이기도 했습니다.

뒤낭은 1860년까지 제네바기독교청년회에서 통신원과 사무장 역할을 겸했습니다. 당시 YMCA는 런던에서 시

기독교청년회의 결성을 위해 모인 청년들

작되어 유럽으로 확산되었으나, 서로 간에 교류도 부족하거니와 공통된 행동기준이나 원리도 확립되어 있지 않았습니다. 이런 어려운 상황에서 뒤낭은 프랑스와 영국을 위시한 다른 국가들의 청년들과 서신 교환을 하며 만남을 주선했고, 인근 지역에도 청년회를 조직하기 위해 바삐 움직였습니다. 그리고 1855년, 마침내 파리에서 제1차 YMCA 세계대회가 열리게 됩니다. 영국, 벨기에, 네덜란드, 프랑스를 위시한 유럽 각지와 미국에서까지 참가한 98명의 청년 대표가 모여 세계YMCA연맹The World Alliance of YMCA을 결성한 것입니다. 그리고 이들

은 이후 YMCA의 근본원리가 되는 파리기준Paris basis을 채택하는 데 합의합니다. 이 파리기준은 YMCA의 초창기 지도자였던 뒤낭이 입안한 것으로 추정되며, 다음과 같은 공동의 신앙고백서가 포함되어 있습니다.

> 기독교청년회는 성경에 따라 예수 그리스도를 하나님과 구세주로 믿고 신앙과 일상생활에서 그의 제자가 되기를 원하는 청년들을 하나로 뭉치고 그들의 힘을 모아 청년들 가운데 그리스도의 나라를 확장하는 것을 목적으로 한다.

그러나 세계YMCA연맹이 결성될 즈음, 앙리는 더 이상 주도적 역할을 하지 못하게 되었습니다. 신앙이나 봉사에 대한 열정이 식은 것은 아니었지만, 매진해야 할 다른 일이 생겼기 때문입니다. 19세기 전반, 유럽에는 식민지 확대의 열기가 타올

| 1855년 채택된 파리기준의 원본

1830년. 프랑스 해군이 알제리에 포격을 가하는 모습을 그린 그림. 알제리는 1830년에서 1962년까지 프랑스의 지배를 받았다. ⓒAntoine Léon Morel-Fatio

랐습니다. 프랑스도 예외는 아니라, 알제리를 정복하고 식민지에 대한 투자 열풍이 일었습니다. 르베이 운동에 영향을 받고 있었던 제네바의 은행가들도 예외는 아니었습니다. 칼뱅주의하에서는 빈곤이나 청빈이 미덕이 되지 않았습니다. 이들의 교리에 의하면 기독교적인 소명에 따른 직업 활동으로 경제적으로 성공하는 것이야말로 하나님의 의해서 선택받고, 구원받는다는 현세적인 징후였기 때문입니다. 성실하게 일해서 이윤을 저축하고, 생산활동에 재투자하여 부를 축적하는 것은 구원을 향한 길, 그 이상도 이하도 아니었습니다. 앙리가 근

파리의 신문에 실린, 프랑스인이 알제리 사람들에게 식량을 배급하는 모습의 그림
©Ange-Louis Janet

무하던 은행과 거래하던 두 명의 고객으로부터, 알제리의 세티프^{Sétif}라고 하는 지역에 촌락을 만들자는 의뢰를 받은 앙리는 유럽을 떠나 알제리로 향하게 됩니다. 알제리는 로마 시대부터 곡창 지대로 유명했던 곳이지만, 그 이상으로 기독교인에게 있어서는 교부^{教父} 아우구스투스의 고향이라는 의미가 강했습니다. 둘째가라면 서러울 정도로 독실한 기독교인이었던 앙리가 알제리로 떠나면서 마음이 부풀었을 것은 어렵지 않게 짐작할 수 있습니다.

1853년 9월, 25세의 청년 뒤낭은 북아프리카에 첫

발을 디뎠습니다. 알제리 각지를 여행하면서 유럽인들이 식민지에 투자함으로써 막대한 재산을 벌어들인다는 사실을 실감했습니다. 그러나 이런 이방인들의 부와 행운은 거저 나온 게 아니라, 식민지 사람들의 고혈을 짜내서 나온 것임을 동시에 절실하게 느꼈지요. 뒤낭은 식민지 건설자로서 알제리를 찾아왔지만, 식민지 사람들을 인간 대 인간으로서 존엄성을 지키며 마주하고자 애썼습니다. 그게 하나님의 뜻에 맞는 것이라고 생각했기 때문입니다. 제네바에서 하던 것처럼, 알제리에서도 헐벗고 굶주린 사람들을 돕는 데 매진하였습니다.

거기에서 뒤낭이 눈을 돌린 사업이 바로 제분사업이었습니다. 알제리 사람들이 황폐한 땅을 활용해 밀을 생산해서 유럽으로 수출할 수 있다면 그들의 생활이 한결 나아지리라고 생각한 것이지요. 밀을 심을 농지를 확보하고, 최신식 제분소를 짓기 위해서 제네바에 사는 친척과 친지들에게서 돈을 빌려가며 고군분투했습니다. 그리고 1857년 말, 이윽고 자본금 약 50만 스위스프랑을 바탕으로 몽-제밀라 제분회사Société anonyme des moulins de Mons-Djémila를 설립하게 됩니다. 이 돈은 오늘날 가치로 따지면 120배가 넘는 6,000만 스위스프랑에 해당하는 큰돈이었습니다. 우리나라 돈으로 환산하면 740억 원에 달하지요. 뒤낭은 주주들에게 1년에 10%의 수익을 약속했고, 그의 능력과 성품을 봐온 주주들은 그를 믿고 기꺼이 돈을 투자했습니다.

그러나 결론부터 말해, 뒤낭은 주주들에게 주식 배당금을 지급할 수 없었습니다. 알제리를 지배하던 프랑스 정부가 뒤낭에게 사업허가를 내어주지 않았기 때문입니다. 밀농사를 짓기 위해서는 농지에 물을 끌어다 댈수 있는 허가가 필요했지만, 프랑스 식민청은 요지부동이었습니다. 온갖 인맥을 동원해보고, 프랑스 시민권을 취득해도 소용이 없었습니다.

그러나 뒤낭은 거기에서 포기하지 않았습니다. 식민청이 허가를 내주지 않는다면 프랑스의 꼭대기에 있는 사람에게 청원하고자 마음먹은 것입니다. 바로 프랑스 황제 나폴레옹 3세가 뒤낭이 떠올린 마지막 희망이었습니다. 우리가 흔히 말하는 나폴레옹 보나파르트, 즉 나폴레옹 1세의 조카인 나폴레옹 3세는 스위스 투르가우Thurgau주에 있는 아레넨베르그Arenenberg성에서 청년 시절을 보냈고 툰Thun에서 스위스의 영웅인 제네바 출신인 뒤푸르Guillaume Henri Dufour(1787~1875) 장군 밑에서 군사교육을 받았습니다. 따라서 스위스 사람에 호의적이었고, 많은 제네바 고위층과 친밀한 관계를 맺고 있었지요. 뒤낭은 이 사실에 모든 희망을 걸었습니다.

1859년 뒤낭은 펜을 들어 『나폴레옹 황제 폐하에 의한 샤를마뉴 제국의 재건인가 아니면 신성로마제국의 부활인가』라는 장황한 제목의 책을 썼습니다. 성경의 다니엘서를 근거로 해서 무정부적인 유럽을 통합하고 항구적인 평화의 시대를 시작하기 위해 나폴레옹 3세가 새로운 황제가 되었다는 내용이었지요. 완전히 나폴레옹 3세에게 아첨하기 위한 책이었습니다.

| 루이 나폴레옹이 1851년에 일으킨 쿠데타 현장. 그는 이를 통해 황제의 자리에 올랐다.

1859년 5월 중순 막 인쇄된 자신의 책과, 알제리를 위해서 해결해야 할 고민들을 껴안고 나폴레옹 3세를 만나러 파리로 향했습니다. 그러나 파리에 가서 당시 황제가, 이탈리아 해방전쟁을 위하여 북부 이탈리아로 원정을 갔다는 것을 알게 됩니다. 황제의 개선을 기다릴 수도 있었겠지만, 그의 앞에 산적한 문제는 시급을 다투는 일이었습니다. 뒤낭은 전쟁터로 직접 찾아가기로 결심합니다. 그리고 이것이 뒤낭의 앞으로의 삶을 완전히 바꿔놓았습니다.

1789년의 프랑스 혁명은 자유^{liberté}, 평등^{égalité}, 박애^{fraternité}를 기치로 내걸고, 유럽에 커다란 변화를 몰고 왔다. 이는 프랑스에 강력한 지각변동을 일으켜, 중세 봉건적인 사회구조와 프랑스국교회의 조직을 일거에 붕괴시켰고 유럽 최초로 봉건국가와 교회의 통일이 무너졌다. 혁명의 충격은 곧 이웃 나라들로 전파되었고 그 파장은 전 유럽에 영향을 미쳤다. 혁명으로 등장한 나폴레옹 1세는 스페인에서부터 러시아 국경에까지 이르는 온 유럽을 무대로 정복전쟁을 펼쳤다. 그리고 여러 국가와 민족을 정복하여 광범위한 영토를 아우르는 대제국$^{Grand\ Empire}$을 건설했다. 나폴레옹이 점령한 지역의 시민들은 무엇보다도 나폴레옹 군대가 들어오면서 내세운 프랑스 혁명의 자유주의와 민족주의 이념에 열광했다.

러시아 침략에 실패한 나폴레옹의 대군을 물리치기 위해 영국과 오스트리아, 프로이센과 러시아가 연합했다. 1813년 10월 연합군은 라이프치히Leipzig에서 승리했고 2년 후 워털루Waterloo 전투에서의 프랑스의 완전한 패배로 나폴레옹은 황제권력에서 쫓겨났다. 유럽의 제후들과 정부대표들은 1814~1815년 오스트리아 빈에서 새로운 유럽대륙의 질서를 회복시키려 모였다. 빈회의의 구호는 '복고'와 '정통성' 두 가지였다. 프랑스의 국경선은 혁명 전으로 되돌아갔고, 정통성을 갖는 부르봉 왕가가 복고되어 루이 18세가 왕위에 올랐다.

과거 로마 제국이 멸망한 이후 하나의 통일된 국가가 없이 오랫동안 군소 국가로 나뉘어 있었던 이탈리아반도 북부는 강대국 간의 왕위 계승전쟁이 있을 때마다 여러 나라의 지배를 받는 처지에 있었다.

빈회의에서도 현 이탈리아의 베네치아와 북부 롬바르디아 지역은 오스트리아가 차지하게 되었고 피에몬테는 사르데냐 왕국Regno di Sardegna을 차지하고 교황은 교황국가를 되찾게 되었다. 빈회의를 주도한 반동세력들은 자신들이 이룬 유럽의 재개편으로 항구적인 평화가 지켜지리라 믿었다.

그러나 프랑스 혁명의 중심 이념이었던 민족주의와 자유주의 사상은 이미 널리 퍼질 대로 퍼져 있었다. 결국 유럽에서는 1830년, 1848년 시민혁명과 같은 사태가 계속 이어지게 된다. 혁명은 무력으로 진압되었다. 그러나 오스트리아라는 외국세력의 지배를 받고 있던 이탈리아 북부는 통일국가를 이루려는 혁명세력이 꿈을 꾸기 위한 매우 좋은 터전이었다. 사르데냐-피에몬테 왕국Regno di Sardegna-Piemonte은 외국 세력인 오스트리아를 몰아내려 대항했지만 1849년 노바라Novara 전투에서 패했고, 국왕은 굴욕을 안고 퇴위해야만 했다.

후계자로 왕위에 오른 아들 비토리오 에마누엘레Vittorio Emanuele 2세는 노련한 정치가이며 철저한 공화주의자인 카브르Camillo Benso di Cavour(1810~1861)를 수상에 임명했다. 카브르의 손에서 사르데냐-피에몬테 왕국은, 단시간에 강력한 군대를 갖추고 부유하면서도 잘 조직된, 자유주의를 숭상하는 국가로 거듭났다.

그사이 프랑스에는 새로운 황제 나폴레옹이 선출되었다. 1848년에 일어난 혁명으로 부르봉 왕가를 완전히 몰아낸 새로운 공화국의 유권자들은 나폴레옹 1세의 조카인 루이Louis Napoleon Bonaparte(1808~1873)를 최초의 프랑스 대통령으로 뽑았다. 그러나 루이는 3년 뒤 쿠데타를 일으켜, 황제임을 선언하고 스스로를 나폴레옹 3세라고 칭했다(나폴레옹 1세의 직계는 어린 나이에 죽었다).

나폴레옹 3세의 국가관은 이중적이었다. 군주들의 억압적인 지배에서 유럽의 성숙한 시민들을 해방시키겠다고 생각했으면서, 정작 자신은 절대적인 권력을 구축해서 황제의 권위를 높이겠다는 것이었다. 공화정을 생각하는 프랑스 시민들은 그를 혁명에 대한 배신자라고 비난했다. 그러나 대부분의 국민들은 새로운 황제가 국내 질서를 안정시키고 복지와 사회적 발전을 가져왔기에 크게 상관하지 않았다.

카브르는 자유주의적인 이탈리아 통일국가의 필요성을 나폴레옹 황제에게 각인시키기 위해 일찍이 파리에 자국 대표를 파견했었다. 카브르의 의도대로 1858년 7월 사르데냐-피에몬테 왕국은 프랑스 황제와 비밀조약을 맺었다. 프랑스와 사르데냐-피에몬테 왕국은 아드리아해Mare Adriatico까지 이르는 북부 이탈리아를 해방시키고 필요하다면 전쟁을 불사할 것이며 그러할 경우 오스트리아는 침략

세력으로 간주한다는 것이다. 비토리오 에마누엘레 2세는 이탈리아의 영광을 되찾는 리소르지멘토Risorgimento*에서 주도권을 쥐려 했다. 반면 프랑스 측에는 사보이와 니스를 양도한다는 내용이었다.

카브르는 군대를 정비하고 롬바르디아에서 공공연하게 의용군을 모집한다는 선전으로 오스트리아를 여러 차례 자극하였고 강대국들을 불안하게 했다. 그들은 프랑스와 오스트리아 간의 전쟁은 빈회의가 이룬 질서가 파괴될 것임을 두려워했다. 영국은 이탈리아에 있는 여러 군소 국가들의 대표들에게 발언할 기회를 주는 회의를 열어 전쟁 위험을 해결하려 했다. 이에 오스트리아의 프란츠 요제프Franz Joseph(1830~1916) 황제는 전혀 응할 의사가 없었고 1859년 4월 23일 사르데냐-피에몬테 왕국에 최후통첩을 보내고 3일 내의 무장 해제를 요구했지만 결국 전쟁으로 이어졌다.

1859년 4월 29일 오스트리아 군대는 롬바르디아와 사르데냐-피에몬테 왕국 간의 국경을 넘었다. 5월 양측의 충돌이 있었고 프랑스-사르데냐 연합군이 승리했다. 그

---

* 이탈리아반도에 할거한 여러 국가들을 하나의 통일된 국가인 이탈리아로 통일하고자 했던 정치적, 사회적 움직임.

후 양국의 군대는 오스트리아군의 주둔지를 정확히 모른 채 동쪽으로 진군했다. 6월 4일 연합군은 마젠타Magenta 근처에서 벌어진 전투에서 다시 승리했고 밀라노와 롬바르디아가 오스트리아 지배로부터 해방되었다. 오스트리아의 프란츠 요제프 황제는 베네치아를 지키기 위해서 남은 병력으로 페스키에라, 베로나, 만토바와 레냐노 네 곳에 방어 요새를 구축하고 지휘했다. 프랑스-사르데냐 연합군은 오스트리아군을 계속 추격했다.

프란츠 요제프 오스트리아 황제는 가르다호수Lago di Garda 남측의 구릉지대 외곽에 머물며 작은 도시 카스틸리오네Castiglione의 방어를 강화하기 시작했다. 오스트리아군은 침입자들을 기만시키기 위해 민치오Mincio강을 뒤에서 엄폐하려 했다. 6월 23일 양측의 척후병들이 번갈아가며 잠깐씩 나타났다. 프랑스군 사령관은 적군이 카스틸리오네에 머문다는 정보를 알아냈고 오스트리아군에 대한 빠른 공격이 유리하다고 생각했다.

6월 24일 새벽 3시경 솔페리노 서쪽에 있는 오스트리아 전초기지를 프랑스 두 개의 연대가 공격했다. 연합군의 계속된 돌격은 6시부터는 전방으로 이어졌다. 나폴레옹은 북으로는 산 마르티노San Martino 근처에서 가르다 호수까지 서로는 솔페리노 구릉을 넘어, 남으로는 메돌라^{Medola} 평지에까지 16킬로미터에 이르는 긴 전선을 형성해 군사를 배치했다.

양측의 전력은 거의 비슷했다. 나폴레옹 3세와 비토리오 에마누엘레 측은 17만 명의 병사와 1만 4,500필의 말, 520문의 대포를 갖추었다. 거기에 맞서는 프란츠 요제프 황제는 15만 명의 병사와 1만 6,500필의 말, 680문의 대포를 갖추고 있었다. 그날의 전투는 양측에서 황제가 직접 군 지휘를 선도한 유럽에서의 마지막 전투이기도 했다. 그러나 이 세 명의 지휘관 중 그 누구도 자신들을 기다리고 있을 전장의 피바다를 예상조차 하지 못했다.

양측의 병사들은 전날 긴 행군을 했음에도 수면을 거의 취하지 못해 피로에 절어 있었다. 공격하는 프랑스군은 그나마 따뜻한 커피를 마실 수 있었지만, 기습당한 오스트리아군은 2회분의 브랜디 외에는 온종일 아무런 음식물을 배급받지 못했다. 부족한 군량에, 15시간 넘게 지속되는 6월의 무더위가 병사들을 괴롭혔다. 오후 4시경에는 폭우까지 쏟아지면서 평지가 엉망이 되었고, 기병대의 진군이 어렵게 되었다.

그때부터 밤이 될 때까지 프랑스군은 남쪽 평야를 빼앗

왔고 나폴레옹 황제 친위대는 구릉과 솔페리노 망루를, 피에몬테군은 산 마르티노에서 야영을 했다. 오스트리아군은 북쪽의 포촐렌고Pozzolengo, 남쪽의 구이디촐로Guidizzolo까지 후퇴했다. 나폴레옹 황제는 솔페리노 남동쪽에 있는 카브리아나Cavriana 숙소에 머물렀다. 6월 24일 밤 나폴레옹은, 전날 프란츠 요제프 황제가 머물렀다가 아침에 떠났던 방Villa Mirta에서 잠자리에 들었다.

6월 24일 전투에서의 희생자 수는 승자나 패자 측에서 똑같이 이례적으로 컸다. 장교와 병사를 통틀어 오스트리아 측에서 1만 9,945명, 프랑스 측에서 1만 2,700명, 사르데냐-피에몬테 측에서 5,521명이 사망했다. 응급처치가 충분치 않았기에 사상자 수는 계속 늘어났다. 전투가 벌어졌던 곳에는 4만 명의 사상자가 그대로 방치되어 있었다. 부상자 대부분은 아무 도움도 없이 젖은 흙에 범벅이 되어 밤을 지내야 했고, 그다음 날도 마찬가지였다.

당시에 있었던 다른 전쟁과 비교해볼 때 솔페리노 전투의 사상자 수는 엄청나게 많은 숫자였다. 이 엄청난 인명 피해는 새로운 무기 때문이었다. 솔페리노 전투에서 처음으로 원뿔꼴의 사격무기가 사용되어서 이전 어느 때보다 더 심한 상처를 입힌 게 원인이었다. 직접 눈으로 살육의 공포와 고통을 목격한 양측의 황제는 누구도 더 이상 피를 흘리는 총력전을 원치 않았다.

7월 11일 나폴레옹 황제와 프란츠 요제프 황제는 솔페리노 남동쪽에 있는 빌라 프랑카Villa Franca에서 만나 평화협정을 맺었다. 오스트리아는 롬바르디아 지방을 포기하고 프랑스는 아드리아해까지의 진군을 포기했기에 베네치아는 오스트리아 지배하에 남게 되었다. 그 외에 두 황제는 오스트리아도 회원국이 되는 이탈리아 국가연합을 만들고 교황을 의장으로 한다는 것을 정했다. 이러한 결정은 통일 왕국을 꿈꾸는 이탈리아 혁명가들의 즉각적인 반발을 샀고 이탈리아의 여러 제후들은 스스로 사르데냐-피에몬테 왕국과의 합병을 선언했다. 또 카브르의 비호를 받는 가리발디Garibaldi는 통일 이탈리아를 위해 1860년 5월 시칠리아를 정복했다.

1861년 3월 최초 이탈리아 국회가 토리노Torino에 소집되었고 5년 후에는 자유도시국 베네치아도 대표를 파견했다. 1870년 교황국가는 해체되었고 9월 로마를 수도로 하고 비토리오 에마누엘레 2세를 왕으로 하는 이탈리아 입헌군주국이 탄생하였다.

그럼에도 불구하고 오늘의 많은 이탈리아인은, 그보다

11년 전 나폴레옹 3세가 솔페리노와 산 마르티노에서 쟁취한 승리를 통일 이탈리아가 탄생한 순간으로 여기고 있다. 이들은 당시의 전투를 기리기 위해 매년 6월 마지막 토요일에 피아콜라타Fiaccolata*를 연다. 남녀노소를 불문하고, 수많은 적십자 봉사원들이 어둠을 뚫고 솔페리노에서부터 카스틸리오네까지 약 7킬로미터를 달리는 것이다. 이는 솔페리노의 전쟁터에서 카스틸리오네까지 부상자를 실어 날랐던 마차의 행렬을 기리는 의미를 담고 있다.

---

* '횃불 행렬'을 의미하는 이탈리아어. 횃불이나 촛불을 들고 행해지는 이어달리기.

솔페리노의 포화 속으로

　뒤낭은 나폴레옹[Napoléon Bonaparte] 3세(1808~1873)를 만나기 위해 이탈리아 북부 브레시아[Brescia]로 향했습니다. 마차를 타고 며칠을 달려 브레시아에 도착한 뒤낭은, 나폴레옹이 남동쪽으로 진지를 옮겨서 가르다호수 하구에 주둔하고 있는 프란츠 요제프[Franz Joseph] 1세(1830~1916)의 오스트리아군과 일전을 벌일 준비를 하고 있다는 소식을 들었습니다. 다들 전쟁터로 향하길 거부하는 가운데, 겨우 마부 한 사람을 구한 뒤낭은 그렇게 전쟁터 한복판으로 향했습니다. 가는 길목마다 전쟁터로 향하는 보급부대가 장사진을 이루고 있었습니다. 점점 가까워지는 대포 소리가 위협했지만, 오로지

니가라과와 크로아티아에서 발행한 우표. 뒤낭과 언제나 함께 회자되는 솔페리노 전투는 뒤낭의 일생의 방향성을 결정하는 중차대한 계기가 되었다.

알제리의 사업과 이를 기다리고 있을 사람들을 생각하며 버렸습니다. 더 이상은 갈 수 없다는 마부를 어르고 달래며 전장에 발을 들여놓았습니다.

이윽고 6월 24일 해 질 무렵, 거의 녹초가 되다시피 한 뒤낭은 소도시 카스틸리오네Castiglione delle Stiviere에 도착했습니다. 이 앞에서 벌어졌던 치열한 전투는 몇 시간 전에 이미 끝나 병사들은 물러났지만, 수천 명의 부상자들과 시체들이 고스란히 널려 있었습니다. 전투가 시작될 때부터 야전병원 본부가 설치되어 있었지만, 이미 부상자들의 수는 야전병원에 수용될 수준이 아니었습니다. 병원과 교회, 수도원을 넘어 민가와 길거리 곳곳에까지 부상자들이 계속해서 실려 들어오고 있었습니다.

뒤낭은 눈앞에 펼쳐진 광경을 보고, 자신의 두 눈을 의심했습니다. 도저히 오갈 수 없을 정도로 거리를 가득 메운 짐수레에 미약한 숨을 붙들고 있는 부상자들 혹은 이미 목숨을 잃은 시체들이 즐비했고, 이 짐수레가 오갈 때마다 병원과 교회에, 민가와 광장에 신음과 울음소리, 비명이 쌓여만 갔습니다. 뒤낭은 자신이 살고 있는 이 시대에 일어난 가장 큰 군사적인 움직임 그리고 그것이 낳은 처참한 광경과 만나버리고 만 것입니다.

뒤낭은 엄청난 충격을 받았지만, 이내 정신을 차리고 부상자들을 돌보는 데 애썼습니다. 부상자들을 마차에 실어 나르고, 식량과 담배를 나눠주며 고통으로 신음하는 사람들을 위로했습니다.

전투가 끝난 후 부상자를 실어 옮기기 위해 늘어선 마차. 사진이 은판에 기록될 때까지의 긴 시간 동안 오가는 사람들의 모습이나 흔들리는 나무의 흔적이 사진에 흐릿하게 남았지만, 몇 시간이고 움직이지 못하고 줄을 서서 기다리고 있던 짐수레와 마차의 모습은 또렷하게 담겨 있다.

며칠 동안 나는 담배, 파이프, 시가 등을 병원과 교회에 나누어주는 일을 계속했다. 수백 명의 환자들이 피워대는 담배냄새는 코를 찌르는 악취를 없애는 데 상당히 효과가 있었다. 질식할 정도로 무더운 병실 안에서 너무 환자가 밀집되어 있어서 고약한 냄새가 진동하고 있었다. 담배만이 절단수술을 받기 전에 갖는 환자의 두려움을 덜어줄 수 있었다. 많은 환자가 파이프 담배를 입에 물고 수술을 받았으며 담배를 피워가며 죽어간 사람들도 여럿이었다.

-앙리 뒤낭, 『솔페리노의 회상』

오스트리아군이 카스틸리오네를 통과해 가면서 이미 한 차례 물자들을 징발해 갔기 때문에, 도시에는 물자가 너무도 부족했습니다. 주민들도 모포와 천과 침대, 이불이며 내의까지 가진 것들을 모두 내놓아 상처를 감싸 매고, 부상자들을 돌보았습니다. 그럼에도 부상자들을 모두 돌보기에는 역부족이었고, 보다 못한 뒤낭은 전장까지 동행해 온 고용 마부에게 1,000프랑을 쥐어주며 브레시아에서 필요한 물품들을 사 오도록 했습니다.

그리고 뒤낭 자신은 계속해서 거리에 널린 부상자들

을 돌보았습니다. 식민지 경영자들이 으레 입던 새하얀 정장과 셔츠는 부상자들의 상처를 싸매는 붕대가 되었고, 더러운 상처를 닦아내는 수건이 되었습니다. 죽음의 문턱에서 신음하는 사람들에게 물 한 모금이라도 먹이고 위로하기 위해 동분서주했습니다. 이미 군의관이나 간호사 등 전문적인 인력들은 거의 다른 곳으로 이동하고, 처절할 정도로 손이 부족한 상황에서 뒤낭을 보고 움직이기 시작한 것은 일반인들이었습니다.

카스틸리오네의 부녀자들은 국적 따위 상관하지 않는 내 모습을 봤지요. 그녀들도 국적이 모두 다르고 모두 외국인인 온갖 나라의 병사들에게 동일한 온정을 쏟았습니다. "우리 모두는 형제다Sono tutti fratelli"라고 그녀들은 되풀이해서 말했습니다. 동정심 많은 이 부인들과 카스틸리오네의 처녀들에게 영광이 있기를! 이들은 어떤 일에도 싫증을 내지 않았습니다. 지겨워하거나 의욕을 상실하는 일이 없었지요. 그녀들의 헌신은 겸허했습니다. 피로와 짜증과 희생이 그녀들을 막지 못했습니다.

    −앙리 뒤낭, 『솔페리노의 회상』

이들이 외치던 "우리 모두는 형제다"라는 말은 이후 적십자의 표어로 재탄생합니다. 전쟁의 포화 속에서, 스러져 가는 목숨과 신음의 틈바구니에서, 적십자정신은 그렇게 싹트고 있었던 것입니다. 뒤낭과 함께한 카스틸리오네의 시민들 하나하나가 바로 '착한 사마리아인들'이었습니다. '참혹한 전쟁의 희생자들에게 적아의 구분 따위는 필요 없다', '모두에게 똑같이 중립적으로 박애를 실천한다'라고 하는 적십자정신이 탄생하는 순간이었습니다.

근처에 포로로 잡힌 오스트리아 군의관들이 있다는 것을 알았던 뒤낭은, 부상자들을 치료하기 위해 이들을 석방시켜줄 것을 프랑스군에 요청했습니다. 그러나 황제의 허락이 필요하다는 말에 망설이지 않고 황제의 진영으로 향했지만 황제를 만날 수 없었습니다. 그래도 원래 황제를 만나기 위해 준비했던 인맥을 활용해, 나폴레옹 3세의 부관에게 용건을 전할 수는 있었고, 그를 통해 자신이 쓴 황제를 찬양하는 책을 바쳤습니다. 나폴레옹 3세는 이를 전해 듣고, 포로로 잡힌 오스트리아 군의관들을 석방해주었습니다. 하지만 뒤낭이 바친 책은 정중하게 거절했습니다. 알제리의 제분사업을 생각

| 민간인들이 모두 나서 부상자들을 돌보는 모습

한다면 이는 뒤낭에게 상당한 타격이었겠지만, 뒤낭은
아랑곳하지 않았습니다. 그 순간 뒤낭에게 중요한 것은
오직 눈앞에서 신음하는 부상자들이었기 때문입니다.

6월 28일 뒤낭은 제네바에서 함께 르베이 운동에 참
여했었던 지인 가스파랑Gasparin 백작부인을 떠올렸습니
다. 그녀는 크림 전쟁*이 일어났을 당시, 아마포와 옷가
지, 가제, 담배 등의 물자를 전장으로 보내 사람들을 도
왔던 적이 있었습니다. 심각한 물자 부족 상황에 빠진 전

---

* 1853년 10월부터 1856년 2월까지 크림반도에서 벌어진 전쟁으로, 러시아제국
이 오스만제국, 프랑스 제2국, 대영제국과 사르데냐 왕국이 결성한 동맹군에 패
배한 전쟁이다.

장에서, 뒤낭은 그녀에게 기대를 걸고 편지를 썼습니다.

　존경하는 백작부인,

　제가 지금 심각한 상황에서 부인께 연락하는 것을 양해해주십시오. 3일 전부터 저는 솔페리노의 부상자들을 돌보고 있습니다. 저는 천명이 넘는 불쌍한 사람들을 돌보고 있습니다. 치열한 전쟁에서 오스트리아 측과 연합국 측에서 4만 명의 사상자들이 나왔습니다. 불쌍하게 죽어가는 부상병들을 위해 기도해주십시오. 그들에게 적은 위로를 할 수 있게 부인께 청원하는바 이곳의 군인들에게 담배와 궐련을 보내주십시오. 많은 군인들은 담배만 피울 수 있다면 먹고 마시는 것은 안 주어도 된다고 합니다.

　저는 지금 전쟁터 한가운데에서 이 편지를 씁니다. 3일 전부터 매 15분마다 말할 수 없는 고통 속에서 사람들이 죽어가는 것을 보고 있습니다. 한 모금의 물, 담배 한 대, 따뜻한 웃음은 그들이 용감하고 조용하게 죽음의 순간을 맞게 합니다. 울음을 참으며 이 편지를 쓰는 저를 용서하십시오. 사람들이 저를 찾으니 이만 쓰겠습니다.

　추신: 긴급하게 필요한 것은 브레시아에서 간신히 조

달합니다. 우리는 가제 이외에는 아무것도 없습니다.
롬바르디아의 담배는 형편없지만 그마저도 없습니다.
한 교회 안에 수백 명의 부상자들이 누워 있습니다. 담
배는 악취로 가득한 공기를 정화하고 약하게 합니다.

   -Yvonne Steiner, 『Herny Dunant: Biographie』

   가스파랑 백작부인은 일찍부터 환자들을 구호하는
데 관심이 많았던 인물입니다. 그녀가 세운 샘물^{La Source}
이라는 이름의 여자 간호학교는 오늘날까지도 명맥을
이어오고 있습니다. 그녀는 편지를 받자마자 제네바 신
문에 뒤낭의 편지를 게재하여 온 제네바에서 방대한 양
의 구호품을 모아 보냈습니다. 그리고 그에 호응하듯,
부상자들을 위한 즉각적인 행동도 잇따랐습니다. 1859
년 7월 11일 제네바의 복음협회는 네 명의 젊은 신학자
들을 솔페리노로 파견하여 부상자들을 돌보도록 했습
니다. 후에 적십자 창립회원의 한 명이 되는 제네바 출
신 외과의사 아피아^{Louis P. Appia} 박사(1818~1898) 또한 솔
페리노로 와서 야전병원 외과의로 활약하게 되었습니
다. 그는 제네바에서 2,000킬로그램에 달하는 붕대를
실어 와 야전병원 곳곳에 분배했으며, 이후 전쟁터의

On nous communique, avec demande d'insertion dans nos colonnes, le fragment suivant d'une lettre de Solferino avec la note qui l'accompagne.

«M....., permettez moi de m'adresser à vous dans les circonstances tout exceptionnelles où je me trouve.

« Depuis trois jours je soigne les blessés de Solferino à Castiglione, et j'ai donné des soins à plus d'un millier de malheureux. Nous avons eu 40,000 blessés tant alliés qu'Autrichiens à cette terrible affaire. Les médecins sont insuffisants, et j'ai dû les remplacer tant bien que mal, avec quelques femmes du pays et les prisonniers bien portants.

« Je me suis immédiatement transporté de Brescia sur le champ de bataille au moment de l'engagement; rien ne peut rendre la gravité des suites de ce combat; il faut remonter aux plus fameuses batailles du premier empire pour trouver quelque chose de semblable. La guerre de Crimée était peu en comparaison (ceci est le dire de généraux et d'officiers supérieurs comme de simples lieutenants ou soldats qui ont fait les campagnes d'Afrique et de Crimée.)

« Je ne puis m'étendre sur ce que j'ai vu, mais encouragé par les bénédictions de centaines de pauvres malheureux mourants ou blessés, auxquels j'ai eu le bonheur de murmurer quelques paroles de *paix*, je m'adresse à vous, pour vous supplier d'organiser une souscription ou tout au moins de recueillir quelques dons à Genève pour cette œuvre chrétienne.

« Pardonnez-moi de vous écrire au milieu d'un champ de bataille où l'on ne mesure pas ses expressions. Mais le champ de bataille lui-même *n'est rien*, même avec ses monceaux de morts et de mourants, en comparaison d'une église où sont entassés 500 blessés. Depuis trois jours, chaque quart d'heure je vois une âme d'homme quitter ce monde au milieu de souffrances inouïes. Et cependant, pour beaucoup un peu d'eau, un sourire amical, une parole qui fixe leurs pensées sur le Sauveur, et vous avez des hommes transformés qui attendent courageusement et en paix l'instant du délogement.

« Il y a des soldats qui aimeraient mieux n'avoir rien à manger pourvu qu'ils aient de quoi fumer. Cent cigares dans une église où sont entassés des centaines de blessés, sauvent des miasmes et atténuent d'épouvantables exhalaisons.

« Je vais disposer d'un millier de francs pour des chemises, du tabac, des cigares et des remèdes, en achetant le tout à Brescia. Si quelque comité consent à me rembourser cette somme, j'accepterai, sinon elle restera à mon compte. »

« P. S. — On est obligé de tout envoyer chercher à Brescia et nous n'avons rien ici, excepté de la charpie (encore manquera-t-elle lors d'une nouvelle bataille). Le tabac est détestable en Lombardie, et il n'y en a pas ici, non plus que des cigares.

Avant que cette lettre fût arrivée à Genève, quelques personnes s'étaient déjà réunies pour procurer aux blessés de diverses nations, qui se trouvent dans les ambulances et les hôpitaux de la Lombardie, des secours matériels et les consolations religieuses dont ils ont besoin. Quelques fonds ont été déjà recueillis dans ce but. Mais quelque bonne que soit l'organisation des hôpitaux militaires et quelle que puisse être la suite de la suspension d'armes qui vient d'être annoncée, les besoins sont si grands qu'il est nécessaire de faire d'énergiques efforts pour venir au secours de tant d'infortunés.

Les personnes qui seraient disposées à prendre part à cette œuvre de bienfaisance chrétienne sont invitées à adresser leurs dons à M. Adrien Naville, président du comité, rue des Chanoines 121, ou à les déposer chez MM. Lombard, Odier et Cᵉ, banquiers à la Cité; Beroud, libraire à la Cité ou Vallotton-Dapples, marchand épicier au Fort de l'Ecluse.

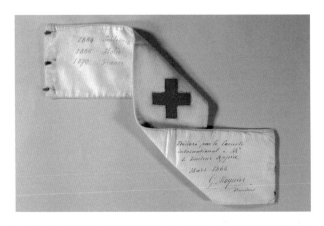

| 훗날 적십자를 창립한 5인 위원회의 일원이 되는 외과의사 아피아 박사가 사용했던 완장

생생한 목격자로서 뒤낭이 『솔페리노의 회상』을 쓸 때 다방면으로 도움을 주기도 했습니다.

뒤낭은 카스틸리오네와 솔페리노 야전병원에서 2주 간 더 남아 있으면서 부상자들을 돌보고 그들 가족들에 게 편지를 써주기도 하고 써준 편지를 부상자들의 가족 들에게 보냈습니다.

그 이후 뒤낭은 카스틸리오네에서 더 이상 자신이 할 일이 없음을 알고 밀라노 복지연맹의 초대를 받아들여 밀라노로 가서 그곳의 상류사회 여러 살롱에서 솔페리 노에서 자신이 겪었던 일들을 얘기했습니다. 죽어가는 병사들의 비탄에 찬 목소리, 부족한 물자와 일손, 조국을 위해 용감하게 싸운 뒤 그대로 방치되고 있는 부조리함. 뒤낭은 그 모든 것들을 생생하게 전달하였습니다.

그렇게 만난 사람들 중에 보로메오 Justine Verri-Borromeo 백작부인이 있었습니다. 그녀는 밀라노 부상자구호부인회 의장이기도 했으며, 창고에 아마포와 붕대 등을 쌓아두고 관리하고 있었습니다. 그녀는 직접 자택에 300명에 달하는 부상자들을 수용해 돌보며 매일 몇 시간씩 그들을 위해 책을 읽어주곤 했습니다. 굉장한 고령이었지만 나이는 결코 그녀에게 아무런 걸림돌이 되지 못했습니다. 보로메오 백작부인의 살롱에서 뒤낭의 이야기를 들은 부인들 사이에서 전쟁부상병 치료를 위한 자원봉사 기구를 구성하고 설치하자는 의견이 나왔습니다. 이를 위해서 전장에서 봉사자들을 보호할 표장이 필요하다는 얘기도 언급되었습니다. 여기 모인 부인들이 모두 입을 모아 그 아이디어를 반겼지요. 반면에 "남자들은 그것을 불가능한 유토피아라고 생각했다"라고도 뒤낭은 기록했습니다.

솔페리노의 회상

1859년 7월, 뒤낭은 일단 제네바로 돌아왔지만, 그의 몸과 마음은 완전히 지쳐 있었습니다. 알제리의 제분 사업을 다시 전개하기 위해 동분서주하는 와중에도, 그의 기억에 남은 전쟁터의 기억은 전혀 흐려질 기색이 없었습니다. 인간이 인간을 잔인하게 죽이는 현장, 신음하는 부상자들의 목소리가 뇌리에서 떠나질 않았습니다. 자신이 받은 충격과 경험을 친구나 친척 등 가까운 사람들과 나눠야겠다고 생각했던 뒤낭은 이내 마음을 고쳐먹게 됩니다. 이 고통스럽고 지독한 기억들이 사라지기 전에, 자신의 주변을 넘어선 더 많은 사람들에게 이를 알리기 위해 책을 써야겠다고 결심한 것입니다.

3년이 지나서 나는 그 지독하고 고통스러운 기억들
이 사라지고 말 것 같아서 내가 직접 목격한 고통과 비
참한 장면들에 관해서 짧게라도 사람들에게 알려야겠
다고 결심했다.

　　-앙리 뒤낭, 『솔페리노의 회상』

　　사실 뒤낭은 『솔페리노의 회상』 이전에, 나폴레옹 3세
에게 아부하기 위한 책 이외에도 이미 저술작업을 한
경험이 있었습니다. 1856년에서 1857년에 걸친 겨울,
알제리에 머물던 뒤낭은 이웃 국가인 튀니지를 여행
한 후 261페이지에 달하는 『튀니지 섭정정치에 관한 보

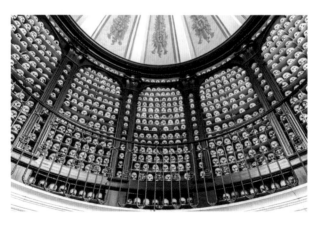

| 솔페리노의 납골당 내부. 솔페리노 전투는 당시 기록적인 희생자를 낳은 참극이었다.

고『Notice sur la régence de Tunis』라는 책을 썼습니다. 스스로 보고 들은 바를 토대로, 튀니지의 지리와 경제, 문화에 대해 자세히 서술한 이 책은 뒤낭이 저술가로서 소질이 있음을 보여준 최초의 기록이기도 했습니다.

그러나 뒤낭이 다시 펜을 든 것은 결코 저술가로서의 자신의 재능을 뽐내기 위함이 아니었습니다. 물론 위대한 정복자를 찬양하기 위함도, 전장에서 탄생하는 영웅적인 인물들을 조명하기 위함도 아니었지요. 그는 전쟁에서 발생하는, 온갖 비인간적이고 적나라한 민낯을 그대로 그리고자 했습니다. 그리고 거기에 대한 책임을 묻고자 했습니다. 다분히 현장성이 강한 뒤낭의 문장은 독자들에게 직접 와닿았습니다. 그의 글이 설득력을 가졌던 이유는, 결코 자신의 기억에만 의존하지 않았기 때문입니다. 직접 경험하지 않은 사건까지 기록하기 위해서 여러 문헌과 사료를 조사하였으며, 전장을 목도한 다른 사람들의 증언을 끌어모았습니다. 군대의 전개, 이동, 행렬과 배치, 군대를 이끈 지휘관들에 대한 기록까지 가능한 한 모든 사료를 모았습니다. 뒤낭의 손에서 솔페리노 전투는 완전히 생생하게 되살아났습니다. 각국의 지휘관들이 작성한 보고서까지 인용해가며 개

뒤낭이 자필로 쓴 『솔페리노의 회상』의 원고

별 전투의 전황에 대한 서술을 보충했습니다. 거기에 자신이 보고 체험한 기억을 더함으로써 탄생한 것이 바로 뒤낭의 역사적인 명저, 『솔페리노의 회상』입니다.

집안의 유일한 희망으로서 부모 슬하에서 귀하게 자란 나머지 약간의 고통에도 소스라치게 겁을 내던 유약한 아들, 집에 두고 온 부인과 아이들로부터 지극히 사랑받았던 한 가정의 가장, 고향에 부모와 누이 그리고 약혼녀를 두고 나라를 위해 싸우러 나온 젊은 병사. 이런 모든 평범하디 평범한 사람들의 민낯이 그대로 그려졌습니다. 독자들과 하등 다를 바 없는 사람들이 피범벅이 되고 흙투성이가 되어 포화 속에서 뒹구는 모습이 말입니다. 인간이 같은 인간에게 이토록 잔인해질 수 있다는 것을 깨달으면서 독자들도 몸서리쳤겠지요.

뒤낭이 이처럼 생생하게 현장을 묘사할 수 있었던 것은, 그가 전장에서 몸 바쳐 뛰어다니며 부상자들에게 말을 걸었기 때문입니다. 장교와 병사, 프랑스인과 오스트리아인, 적군과 아군을 불문하고 뒤낭은 모든 부상자들을 위로하고 그들의 마지막 목소리를 들어주고자 했습니다. 스무 살 어린 나이로 죽어가던 한 병사는 자신의 죽음을 부모님께 알려달라며, 뒤낭의 앞에서 마지막 숨을 놓았습니다. 그의 마지막 바람대로 부모에게 전사 소식을 전하자, 뒤낭에게로 답장이 날아들었습니다. 집안의 외동아들로서, 애국심을 가지고 군에 지원했지만 그 병사의 부모는 뒤낭이 알려준 소식 이외에 어떠한 소식도 국가로부터 받지 못했습니다. 젊은이들의 의기와 희망찬 삶이, 솔페리노라고 하는 전장에서 산산이 부서지며 파국을 맞이했습니다. 전쟁이라는 것이 얼마나 참혹하고 얼마나 무의미한지, 독자들은 뒤낭의 글을 통해 뼈저리게 느꼈습니다.

1862년 뒤낭은 자비를 들여 『솔페리노의 회상』을 1,600부 인쇄했습니다. 115페이지에 달하는 이 책에는, 솔페리노 전투의 전개 과정을 잘 설명하기 위해 스위스 공병대 중대장 뮬러Benjamin Mueller 대위가 그린 군대 배치도가 첨부되었습니다. 물론 이 작업도 뒤낭의 사비로 의뢰한 것이었습니다.

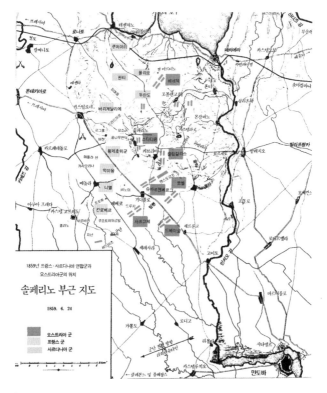

| 솔페리노 전투 당시의 군사 배치도

이 중 600부는 뒤낭이 개인적으로 친구나 친척들에게 나누어주었으며, 나머지 1,000부는 제네바와 파리, 토리노, 상트페테르부르크, 라이프치히 등에 사는 유명인들에게 보내졌습니다. 그 안에는 솔페리노 전투에서 서로 맞서 싸웠던 나폴레옹 3세, 사르데냐–피에몬테

64

국왕과 오스트리아 황제 프란츠 요제프 등 군의 지도자들이 다수 포함되어 있었습니다.

시중에 판매하기 위해 낸 책이 아님에도 불구하고, 뒤낭의 책에 대한 반향은 엄청났습니다. 연일 각지의 신문이 열광적으로 이를 보도했습니다. 앞으로 있을 수 있는 전쟁에서 부상자들을 구조하고 간호하기 위해, 훈련된 자원봉사자들의 단체를 모든 나라에 설립하자는 뒤낭의 제안은 수많은 사람으로부터 열렬한 지지를 받았습니다. 거기에 부상자들에 대한 인도적인 처우를 위하여, 국제적인 조약을 체결하자는 그의 아이디어는 각국으로부터 관심을 끌어모았습니다.

당대의 유명한 시인, 철학자, 성직자, 의사 등 지식인들은 뒤낭의 용기 있는 제안에 찬사를 보냈습니다. 특히 영국의 작가인 찰스 디킨스Charles Dikens는 자신이 운영하는 잡지에 〈백의의 신사〉라는 제목으로, "대중들이 마음속 깊이 자비심을 가지고 있다면 그의 호소에 응하지 않는 것이 이상한 일일 것이다"라는 취지로 장문의 기사를 썼습니다.

프랑스 작가 빅토르 위고Victor Hugo는 "그대는 인도를 무장시키고 자유의 운동에 공헌하고 있다. 나는 그대

솔페리노의 납골당 입구에는 '백의의 신사' 뒤낭의 동상이 세워져 있다.

의 숭고한 노력에 찬성한다"라는 말을 남겼으며, 프랑스 철학자 르낭Ernest Renan은 "당신은 19세기 가장 위대한 책을 썼다"라고 칭송했습니다.

파리에 사는 유명한 평화운동가 파시Frédéric Passy는 뒤낭과 별도의 친분이 있는 건 아니었지만, 뒤낭의 책을 읽고 1863년 3월 개인적으로 축하 편지를 보냈습니다. 파시는 책을 읽고 "슬프고 슬픈 나머지 고통스러울 정도의 강한 인상을 받았지만, 바로 그 속에 당신의 가치와 능력이 담겨 있다"라는 감상을 남겼습니다. 파시는 뒤낭의 아이디어와 거기에 잇따르는 호의적인 반응들로부터, 인류가 전쟁을 극복하고 서로 다른 민족·국가끼리 협력하는 방향으로 나아갈 수 있다는 가능성을 엿보았습니다. 그는 뒤낭의 책을 많은 사람들에게 알리기 위한 강연을 열겠다면서 "냉혹한 마음을 갖지 않은 전 인류의 이름으로 감사한다"라고 밝히기도 했습니다. 파시는 후에 뒤낭과 제1회 노벨 평화상을 공동수상하게 됩니다.

스위스 내전 중에 책략과 공평성을 발휘해서 사람들의 목숨을 지켜냄으로써, 스위스인의 영웅이 된 앙리 뒤푸르 장군도 다음과 같은 글을 남겼습니다.

사람들은 귀하가 보고한 그처럼 생생한 실례를 통해 전쟁터의 영광이 수많은 고뇌와 눈물의 대가라는 사실을 알아야 한다고 생각하오. 사람들은 전쟁의 극적이고 장관을 이루는 면모만 보고 전쟁의 비참한 결과에 대해서는 너무 쉽게 눈을 감으려는 경향이 있소. 이런 인도적인 문제에 사람들의 주의를 집중시킨 일은 매우 훌륭한 일이오. 그래서 귀하의 글이 내게는 매우 적절하오. 면밀하고 신중하게 검토한다면 세계 각국의 박애주의자들이 협력할 것이고 그 협력을 통해 해결점을 가져올 수 있으리라 믿소.

–앙리 뒤낭, 『솔페리노의 회상』

특히 뒤낭이 놀란 것은, 각국의 제후와 군 장성들, 행정 관료와 법률가들이 그의 계획에 찬사를 보냈다는 점이었습니다. 책이 출간되고 연말까지 채 두 달이 못 되는 기간 동안 뒤낭은 이들로부터 80여 통의 축하 편지를 받았습니다. 초판이 출간되고 4개월 후 1862년 12월에 이미 판매용 2판이 1,000부 인쇄되었고, 이어서 3판 3,000부를 찍기 위해 인쇄기가 가동되기 시작했습니다. 『솔페리노의 회상』은 19세기의 가장 영향력이 큰 책 중 한 권이 되었고, 이 힘은 아직까지도 빛이 바래지 않고 있습니다. 뒤낭은 한순간에 전 유럽을 아우르는 유명인사가 된 것입니다. 오죽하면 그를 질시하여 책이 나온 직후, 그 책은 뒤낭이 쓴 게 아니라고 주장하는 사람이 나오기까지 했을 정도입니다. 책에는 무려 200명에 달하는 인물들이 나오고 전쟁터에 대한 상세한 묘사가 들어 있는데, 실제로 전쟁에 참여한 것도 아닌 한 개인이 어떻게 그 모든 것들을 쓸 수 있었겠냐는 것입니다.

나는 내가 산 마르티노에서나 솔페리노 전투에서 구경꾼 역할을 했다고 말하지는 않겠다. 누가 그 같은 대포와 전투의 노호 소리를 들으며 전투를 멍하니 바라볼 수 있겠는가. 내가 본 것은 솔페리노의 잔혹함과 6월 24일 인근의 작은 도시 카스틸리오네에서 전투가 끝

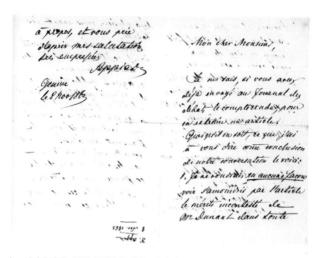

아피아 박사는 므와니에에게 『솔페리노 회상』의 두 가지 제안에 대한 협력을 요청했다.

난 뒤의 참상을 본 것이었다. 나는 그곳에서 연민의 감
정과 경악, 동정심에 사로잡혀 있었기에 나를 부르고
싶다면 '솔페리노의 사마리아인'이라고 불러주면 된다.
(...) 나는 카스틸리오네에서 필요한 사람이 되려고 했
다. 나는 전쟁의 참혹한 결과를 보았고 그것을 사실대
로 다시 묘사한 것이다. 내 책은 대전투에 대한 기록을
목적으로 쓴 것이 결코 아님을 밝혀야겠다.

－Hans Amann, 『Von Solferino zum Roten Kreuz』

물론 앞서도 말했지만, 뒤낭은 책을 쓰기 위해서 많은 사람, 많은 자료의 도움을 받았으며 결코 그 모든 것이 오롯이 자신의 공이라고 주장한 적도 없습니다. 다만 뒤낭은 이 책을 쓰면서 한 개인 차원을 넘어선, 어떠한 역사적인 사명감 내지는 소명의식을 가졌던 것 같습니다. 뒤낭은 이후 책의 성공을 되짚으며 "평범한 개인이 쓴 보잘것없는 책이 유럽 여러 나라 궁중에서 그토록 빠르게 완전한 성공을 이룬 예는 일찍이 없었다"라는 말과 함께, 다음과 같이 회고했습니다.

> 내가 『솔페리노의 회상』을 묵묵히 쓰고 있을 때, 흡사 나의 저술이 때를 맞이하여 무엇이 될 것이라는 일종의 이상한 예감, 다시 말하자면 어떤 높은 위력이 나를 고무하고 또 격려하는 듯한 느낌을 받았다.
>
> –Yvonne Steiner, 『Herny Dunant: Biographie』

『솔페리노의 회상』의 내용 구성

뒤낭은 책의 내용을 크게 세 부분으로 구성했다. 첫 번째 부분에서 뒤낭은 1859년 6월 4일과 5일 마젠타 전투 이후의 상황을 썼다. 프랑스, 사르데냐 연합군이 오스트리아 군에 승리했고 밀라노를 오스트리아 지배로부터 해방시켰다고 전했다. 뒤낭은 비록 그 자리에 직접 있지는 않았지만, 첫 번째 부분을 기록하는 데 있어 타인에게 전해 들은 딱딱한 사실관계만을 서술하는 데 그치지 않고, 병사들의 이름이나 개개인의 구체적인 행동 등을 묘사하면서 이탈리아 북부에서의 전황을 생동감 있게 설명했다. 책의 첫 부분은 6월 25일 이른 아침 솔페리노 근처의 결정적인 전투가 있던 날로 마무리를 지었다.

책의 중심인 두 번째 부분에서 부상자들의 운명과 죽어가는 병사들에 대한 묘사는 뒤낭이 직접 보고 들은 것을 기록했다. 카스틸리오네를 중심으로 치에사 마조레Chiesa Maggiore 성당 등 작은 도시에서 온 부녀자들이 시신을 수습하고 부상자를 돌보기 위해 뛰어다니고 있었다. 뒤낭은 그 가운데서, 비록 무력하더라도 자신이 할 수 있는 작은 일이라도 찾아 헤매던 절실한 마음을 기록했다. 6월 27일과 28일 밤 나폴레옹 3세를 찾으러 갔던 일도 기록하면서 본래 황제를 알현하려 했던 자신의 계획에 대해서는 언급하지 않았다. 6월 30일 브레시아라는 장소에 초점을 맞추어 그 작은 도시에서 있은 부상자 치료를 기록했고 경험 많은 야전병원 의사가 집도하는 다리 절단수술을 묘사하기도 했다.

나는 카스틸리오네에서 옮겨 온 이곳 병실의 몇몇 부상자들이 나를 알아보는 것을 발견했다.

그들은 전보다 나은 간호를 받고 있으나 고통은 여전한 듯했다. 그 중에는 영웅적인 친위대 척탄병이 한 명 있었다. 그는 매우 용감하게 싸우다가 카스틸리오네에 실려 왔는데, 그때 내가 처음으로 그의 상처에 붕대를 감아주었던 것이다. 그는 다리에 총상을 입고 초라한 침상에 누워 있었는데 그의 얼굴 표정에는 커다란 고통의 빛이 역력했으며, 두 눈은 움푹 들어갔고 타는 듯했으며, 노랗고 창백한 안색은 화농성 열이 병발하여 상태를 악화시키고 있음을 나타냈다. 그의 입술은 말랐고 목소리는 떨리고 있었으며, 그의 용감하던 대담성은 어디론가 사라지고 그 대신 두려움과 우유부단한 걱정만이 그의 마음 가운데 자리 잡고 있었다. 그는 벌써 썩어들어가고 있는 자기의 불쌍한 다리에 누가 가까이 올까봐 겁을 먹고 있었다. 절단수술을 담당한 프랑스 군의관이 그의 침대 앞에 이르자 그는 뜨거운 쇠처럼 달아오른 두 손으로 의사의 손을 붙잡고는 "나를 해치지 말아주세요, 그 끔찍한 고통을 도저히 견딜 수가 없습니다"라고 소리쳤다. 그러나 수술을 지체할 수는 없었다. 그날 아침 수술을 받아야 할 부상자의 수는 20명이었고, 상처를 치료받아야 할 사람도 150명이나 대기하고 있었기 때문에 단지 한 사람의 경우를 동정하여 지체하거나 그가 결심할 때까지 기다릴 시간적 여유가 없었다. 친절하면서도 냉정하고 단호한 군의관은 단지 "모두 다 우리에게 맡기시오"라고 대답하고는 재빨리 담요를 걷어 치웠다. 부러진 다리는 부어서 두 배로 커지고, 악취를 내는 고름이 세 군데에서 마구 흘러나왔다. 보라색 반점은 대동맥이 끊어져서 그 다리에 더 이상 혈액이 공급되지 않음을 보여주었다. 따라서 치료방법은 없고 유일한 구제책이 있다면 그것은 대퇴의 2/3을 절단하는 것뿐이었다. '절단수술'이라는 말은 불쌍한 그 젊은 청년에게는 끔찍한 단어였다. 그는 비참한 불구자로서 살아가느냐, 아니면 결국 죽느냐 하는 양자택일이 자기 앞에 놓여 있음을 알았다. 그에게는 최후의 결정을 내리기 위해 생각해볼 만한 시간이 없었다. "오 하나님, 오 하나님, 도대체 어떻게 하실 겁니까?". 그는 온몸을 떨면서 말했다. 군의관은 아무 대답도 하지 않았다. 그러고는 다만 "위생병, 이 사람을 운반해. 빨리!" 하고 말했다. 그러자 찢어지는 듯한 비명이 그 환자의 헐떡거리는 가슴으로부터 터져 나왔다. 서투른 위생병이 비록 움직여지는 않지만 감각이 극도로 예민해진 다리 상처 바로 옆 부분을 붙잡았기 때문이었다. 부러진 뼈가 살 속을 뚫고 들어가서 그 부상병에게 끔찍한 고통을 가져다주었다.

그 외에 환자가 기절해 있는 동안 행해진 절단수술에 대해 묘사하는 등, 뒤낭은 책에서 병사들의 탈영, 울부짖음, 제대로 된 마취 없이 다리를 절단하는 부상병의 고통, 말이 통하지 않아 답답하고 힘들어하는 모습들에 대해서도 자세하게 적었다. 차마 눈 뜨고 볼 수 없는 희생자들의 신음에 대해서 전하고 교회와 골목마다에 넘쳐나는 피와 땀의 악취에 대해서도 침묵하지 않았다. 피와 땀 냄새로 역겨운 공기를 담배연기로 참을 수 있게 하려 했다고 적었다. 뒤낭의 『솔페리노의 회상』을 읽은 독자들은 죽어가는 가장의 근심, 살 수 있는 기회를 놓친 젊은이들의 탄식소리, 부모와 아내와 약혼자에게 보내고 싶은 간절한 작별의 말들을 알게 되었다. 그 밖에도 부상자들을 성심껏 돌보는 부녀자들의 이야기를 기술했다. 그처럼 솔직하면서 마음을 울리는 전쟁의 이면을, 그 이전의 독자들은 결코 어디서도 알 수 없었을 것이다.

셋째로 마지막 부분에서 뒤낭은 자신의 목표와 비전을 서술했다.

왜 고통과 비탄의 장면에 대해 그토록 많이 언급하고, 괴로운 여러 가지 감정들을 독자들에게 야기시켰는

가? 어째서 마치 친절이나 베푸는 것처럼 비참한 광경들을 지나치게 세밀하고도 절망적으로 느껴지도록 묘사했는가?

아주 당연한 이 질문에 나는 다음과 같은 다른 질문을 던짐으로써 이에 대답할 수 있으리라고 믿는다. 부상과 간호를 위해 열성적이고 헌신적이며 충분한 자격을 갖춘 자원봉사자들로 평시에 구호단체를 조직할 수는 없을까?

이 같은 소망에 대해 뒤낭은 책에서 과거 유럽 역사 속에 있었던 헌신적인 행동을 한 예들을 제시했다. 가장 최근의 예로 뒤낭은 크림 전쟁 때 부상자를 간호한 플로렌스 나이팅게일의 헌신적인 행동을 찬양했다. 당시 영국 육군의 시드니 허버트에게서 영국군을 간호해달라는 간절한 호소를 받은 나이팅게일이, 주저 없이 터키로 달려가 수많은 부상자들을 간호했던 일을 상기시켰다.

전시에 부상당한 전투원들에 대한 간호를 보조하는 것을 목적으로 하여 모든 나라들 안에다 훈련된 자원 봉사원들의 단체를 만들자는 뒤낭의 제안은 많은 사람들로부터 충분히 공감을 받을 수 있는 호소였다. 더욱이 부상자들에 대한 보다 더 인도적인 간호를 확보하기 위하여 국제적인 조약을 체결토록 하자는 뒤낭의 아이디어는 많은 관심을 환기시킬 수 있었다.

뒤낭은 잘 훈련되고 열성적이며 용감한 구조자들이 있었다면 솔페리노에서 부상자들의 고통을 쉽게 덜어줄 수 있었을 것임을 확신했다. 굶주림과 갈증과 열로 죽어가는 부상자들을 구할 수 있고 교육받은 구조원이라면 목숨이 붙어 있는 부상자들을 집단매장으로 던져버리는 일을 막을 수 있을 것이라 생각했다. 열심히 고안해서 만든 들것이나 구조차량으로 고통받는 사람들의 아픔을 덜어줄 수도 있을 것이고 안부를 전하고 싶은 부상자들을 위해 편지를 대신 써줄 수도 있을 것임을 확신했다.

뒤낭의 생각은 인류사회에서 앞으로도 전쟁은 계속 있을 것이고 점점 잔인한 무기들이 발명되고 더 많은 희생자들이 생겨날 것이란 데서 출발했다.

더 많은 사람을 죽일 수 있는 가공할 만한 파괴 수단이 매일같이 발명되고 있으며, 또 이러한 살인도구의 발명자들은 군비경쟁을 하는 대부분의 유럽 강대국으로부터 갈채와 격려를 받고 있으므로.

끝으로 다른 징조를 더 언급하지 않더라도 유럽인의 의식 상태로 보아 머지않은 장래에 전쟁이 필연적으로 다시 일어날 것을 예견할 수 있으므로 더욱 그러하다.

뒤낭은 이웃에 대한 사랑을 가진 많은 민간인들을 자발적인 구호자로 훈련시켜 전쟁이 날 경우 야전병원에 투입시켜 부상병 치료에 진력하게 하며, 이들을 교전국들이 인정하고 보호하게 할 수 있다고 확신했다. 『솔페리노의 회상』은 다음과 같은 절절한 호소로 그 끝을 맺었다.

이러한 계획을 대규모로 시행하는 데는 물론 상당한 액수의 자금이 소요되는 것은 사실이지만 돈이 부족해 실패하는 일은 결코 없을 것이다. 전쟁이 터지게 되면 구호위원회의 호소에 부응해 누구든지 자진해서 기부금을 가져오거나 최소한도 동전 한 닢이라도 내려고 할 것이다. 조국의 아들들이 전쟁터에서 싸우고 있을 때 냉정하거나 무관심하게 있을 국민은 없을 것이다. 결국 병사들이 전투 중에 흘린 피가 그 나라 국민 모두의 몸 속에 흐르는 그 피와 동일한 것이 아닌가! 결코 어려움은 그런 곳에 있지 않고 이러한 과업을 진지하게 준비하고 그러한 단체를 창설하는 데 전적으로 문제가 있는 것이다.

새롭고 끔찍한 파괴무기는 앞으로 전쟁기간을 단축시킬 것이다. 오히려 전쟁으로 말미암은 사상자수는 지금보다 훨씬 더 증가할 터이며, 잔인해질 것임이 자명하다. 뜻밖의 사건들이 아주 중요한 계기가 되는 이 시대라면 전쟁이 갑작스럽고 예기치 못한 방법으로 여기저기서 돌발할 수 있지 않겠는가? 이런 점들을 고려해 볼 때 뜻밖의 불행을 조심하면서 경계하지 않으면 안 되는 충분한 이유가 있는 것이다.

5인위원회의 결집과 적십자의 탄생

　뒤낭의 인도주의적인 아이디어에 가장 빠르게 반응한 사람이 제네바의 유명한 법률가인 귀스타브 므와니에Gustave Moynier(1826~1910)였습니다. 므와니에는 그 생애가 뒤낭과 몹시 흡사한 인물이었습니다. 그의 가문도 프랑스에서 이주해 온 위그노 출신으로, 종교개혁과 산업혁명을 틈타 부를 축적하고 명성을 얻었습니다.

　당시 제네바에서는 나폴레옹 점령기의 후유증과 18세기 산업혁명의 부작용으로 인해 발생한 도시 빈곤문제가 대두되고 있었습니다. 칼뱅주의의 영향을 받아 빈곤의 구제를 목적으로 하는 기관들이 다수 생겨났고, 노동자 계층의 삶을 개선하고자 돕는 상류층 시민들의 모임도 있었습니다. 처가가 부유했던 므와니에는 일찍부터 이웃들의 복지에 관심을 가졌고, 제네바 공익협회 일을 맡아 하면서 국제복지회의에 참석하는 등, 국제협력 분야에도 지속적인 관심을 기울이고 있었습니다.

뒤낭의 『솔페리노의 회상』을 읽은 므와니에는 즉시 뒤낭을 찾아가, 자신이 운영하던 제네바 공익협회에서 강연해줄 것을 요청했습니다. 더욱이 뒤낭을 협회의 일원으로 끌어들이기까지 했습니다. 1826년에 창설된 제네바 공익협회는 제네바에서 가장 교양 있고 자비심 깊은 가문의 저명인사들로 구성되어 있었습니다. 1863년 2월 제네바 공익협회에서는 약 180명의 회원이 활동하고 있었고 므와니에가 의장으로 있는 중앙위원회가 그 관리를 맡고 있었습니다. 제네바 공익협회의 일차적 목표는 제네바의 가난한 사람들, 환자, 노숙자 등 불행한 사람들을 돕고 위로하는 것이었습니다.

1863년 2월 9일, 제네바 공익협회 회원 20여 명을 대상으로 열린 강연이 끝나고 역사에 남을 회합이 열렸습니다. 이날 회합에 참석한 다섯 명이 뭉쳐, "전쟁을 하는 군대는 자발적인 환자 구호 봉사단을 후원하도록 한다"라는 뒤낭의 아이디어를 실천하기 위한 의정서를

만들기로 한 것입니다. 이후 '5인위원회'라고 칭하게 되
는 상설 국제 위원회Comité international de Secours aux Blessés의 시작
이었습니다. 스위스의 영웅인 뒤푸르 장군이 의장, 므
와니에가 부의장, 뒤낭이 사무총장을 맡았으며, 외과
의사 아피아 박사와 국제경험이 많은 내과의사 모느와
르Théodore Maunoir 박사가 참가했습니다. 므와니에는 자신
이 9월에 의정서를 베를린에서 열릴 국제복지회의에 가
져가서 전 유럽에 알릴 것임을 밝혔습니다.

　뒤낭은 이어 사업 차 파리로 가면서, 이 아이디어와
계획을 선전했습니다. 책을 파리의 행정부와 군에 배포

하기도 하고, 파리의 살롱을 찾아다니기도 했습니다. 이미 한 차례 유럽을 떠들썩하게 만들었던 뒤낭의 아이디어는 여기저기서 많은 호응과 지지를 받았습니다. 3월 중순에 열린 제네바 공익협회는 파리에서의 뒤낭의 활동과 성공소식을 전해 듣고 매우 놀랐고, 뒤낭이 네덜란드, 이탈리아, 독일 여러 나라의 왕실로부터도 동의를 얻었다는 것도 알게 되었습니다.

그렇게 일이 순조롭게 진행되는 듯했으나, 사업 차 알제리로 출장을 떠났던 뒤낭은 날벼락 같은 소식을 전해듣게 됩니다. 9월에 베를린에서 열릴 예정이었던 국제복지회의가 취소되었다는 소식입니다. 8월에 제네바로 돌아와 이에 관해 논의를 한 5인위원회는, 10월에 제네바에서 회의를 열자는 다소 모험적인 결정을 내렸습니다. 회의를 준비하여, 5인위원회에서 기초한 의정서에는 법적으로 명확하게 규정된 10개의 조항이 포함되었지만, 자원봉사자들의 중립성과 보호의무에 대한 언급이 없었습니다. 처음부터 이 항목을 포함할 것을 주장해왔던 뒤낭은 크게 실망했지만, 5인위원회의 다른 동료들은 이러한 급진적인 조항이 각국의 군으로부터 거부당할 것을 우려했습니다.

9월 초 5인위원회는 의정서 '결의사항 협조 초안'을 잘 손질된 초대장과 함께 유럽 여러 나라에 송부하면서, 동봉한 초안을 논의하기 위해 대표단을 10월 26일 제네바에 파견해줄 것을 요청했습니다. 하지만 뒤낭은 그걸로는 부족하다고 생각했습니다. 이미 파리에서 행정 관료나 군인들이 가지는 저항감과 오해를 경험했기에, 사람들을 불러 모으기 위해서는 직접 말로 설득할 필요가 있다고 생각한 것입니다. 뒤낭은 9월에 베를린에서, 세계복지회의 대신에 열리게 된 통계학회에 참석하여 각국의 보건 전문가들과 대화하고자 했습니다.

당시 열린 통계학회를 지금 우리가 아는 통계학회와 같은 것이라고 착각하기 쉽습니다. 당시 의사들은 질병의 원인을 알아내기 위한 과학적인 지식이나 근거가 부족했고, 오로지 경험과 통계에 의존해서만 병의 치료법을 찾을 수 있었습니다. 말하자면 통계학보다는 지금의 보건학회에 가까운 역할이었던 것입니다. 이 때문에 통계학회에는 각국의 군의관들이 모여들었고, 뒤낭의 의도는 바로 그것이었습니다.

그런데 뒤낭은 베를린 통계학회에 가기 전, 네덜란드의 군부대 수석외과의 바스팅Johan Hendrik Christiaan Basting 박사를 만나게 되었습니다. 『솔페리노의 회상』을 읽고 많은 감명을 받았던 바스팅 박사는 5인위원회에서 보내온 의정서 초안을 읽고, 자원봉사자들의 보호에 관한 중요한 조항이 빠졌음을 지적했습니다. 동료들의 의견에 한 번 양보했던 뒤낭이지만, 바스팅 박사와 의기투합하면서 다시 힘을 얻었습니다. 두 사람은 함께 자원봉사자들의

네덜란드 적십자사가 헌정한 바스팅 박사의 묘비. 뒤낭으로 인해 맺어진 적십자와 바스팅 박사의 인연은 그가 죽을 때까지 계속되었다.

중립적인 지위와 보호의무에 대한 조항으로 '제네바 회의 초대장에 대한 추신'을 작성하여 통계학회에 가져가 배포하기로 했습니다.

바스팅 박사는 베를린 통계학회에서 발표를 맡은 회의의 참석자였기에, 그의 존재는 뒤낭에게 큰 힘이 되었습니다. 1863년 9월 6일부터 12일까지 열린 세계 통계학회에서 바스팅 박사는 제네바 5인위원회를 소개하고, 참석자들에게 한 달 후에 제네바에서 열릴 회의에 참석해줄 것을 요청하는 연설을 했습니다. 거기다 통계학회의 위원장까지 나서서 뒤낭을 소개해주었습니다.

이들의 조력에 힘입어 뒤낭은 베를린에서 많은 초대를 받았습니다. 포츠담 궁전에서 프로이센의 왕 빌헬름^{Wilhelm} 1세를 알현하는 영광을 얻었고 프로이센 내무장관의 연회에 초대받아 여러 나라에서 온 유명 인사들과 제후들의 고문들과도 토론하기도 했습니다. 드레스덴에서 만난 요한^{Johann} 왕으로부터는 "그와 같은 인도주의적인 과업에 참여하지 않는 국가는 모든 유럽여론의 비난을 받게 될 것이다"라는 따뜻한 인사말을 들었습니다.

그후로도 뒤낭은 빈에서 뮌헨, 슈투트가르트, 다름슈

타트와 카를스루에를 거치며 온 유럽을 돌아다녔습니다. 그리고 10월 10일에 마침내 제네바로 돌아오기까지, 뮌헨을 제외하고 그가 방문했던 모든 곳에서 제네바 회의에 대표단을 파견한다는 확약을 받았습니다. 그러나 제네바로 돌아온 그를 맞이한 것은 5인위원회 동료들의 비난이었습니다. 뒤낭이 바스팅 박사와 함께 만들어 배포한 '초대에 대한 추신'은 5인위원회와 어떠한 상의를 하지 않은 채로, 제네바 회의의 이름을 달고 배포되었기 때문입니다.

이렇게 뒤낭과 5인위원회의 다른 대표들 사이에 갈등이 빚어졌음에도 불구하고, 10월 26일 월요일 제네바 시 예술협회의 신축건물인 아테네 궁에서 열린 대회는 엄청난 성공을 거두었습니다. 14개국의 정부대표 그리고 기관과 개인 자격으로 참여한 13명의 대표들을 더해 총 16개국 36명의 대표가 참가한 회의는 4일간 이어졌습니다. 그리고 회의가 끝나는 10월 29일, 10개의 결의사항을 채택함으로써 국제적십자가 본격적으로 발족한 것이었습니다.

회의는 몹시 성공적이었지만 뒤낭은 회의 기간 내내 중심에 서지 못했습니다. 뒤낭의 독주를 꺼려한 동료

위원들이 은연중에 뒤낭을 배제하려 들었기에, 뒤낭은 얌전히 서기 역할을 맡았습니다. 그러나 회의의 진행을 맡았던 므와니에는 끝내 회의에서 자원봉사자들의 중립성에 대한 언급을 하지 않았습니다. 이 안건을 꺼낸 것은 바스팅 박사였습니다. 회의 마지막 날에 가서야 바스팅 박사의 제안으로 자원봉사자들의 중립성 문제가 토의 주제로 올라오게 되었습니다. 그리고 끝내 "전쟁 중에 야전병원, 입원환자, 위생부대, 자원봉사자, 부상자를 돌보는 민간인들은 전쟁 당사국으로부터 중립을 인정받는다"라는 내용이 각국 정부에 대한 권고안으로 채택되게 됩니다.

그리고 1863년 말 독일 뷔르템베르크에서 최초의 '부상병 구호단체'가 설립되었습니다. 당시 유럽에서 막강한 위세를 자랑하던 군사강국 프랑스는 자원봉사자들의 중립화 결의를 비난했습니다. 이에 뒤낭은 파리에 머물면서 프랑스에 구호단체 중앙위원회 설립에 많은 에너지를 쏟았습니다. 프랑스의 위세가 대단했던 만큼, 파리는 국제정치의 중심지였기에, 파리에 위원회가 있다면 주목을 받고 유럽 사회에 큰 영향을 미치게 될 것이라고 본 것입니다. 뒤낭의 노력이 결실을 맺어, 7개월 후에 '부상병을 위한 프랑스 중앙위원회'라는 구호단체가 설립되었고, 나폴레옹 3세를 제네바 회의의 후원자로 끌어들였습니다. 뒤낭은 프랑스 황실과 행정부처에, 자원봉사자들의 중립성 인정이 얼마나 중요하고 또 필요한 것인지를 역설했으며 자비를 들여 직원을 고용해 위원회를 운영해나가고자 애썼습니다.

그러나 이러한 뒤낭의 노력은 현실적이고 논리적인 므와니에가 보기에, 다분히 즉흥적이고 분별없는 행동이었습니다. 그의 독선적인 움직임을 그대로 방치했다가는 국제 사회에서 어떻게 받아들여질지 확신할 수 없었던 것으로 보입니다. 이러한 우려 섞인 불안한 기류를 뒤낭이라고 해서 모를 리가 없었습니다. 자신에 대한 불신을 감지한 뒤낭은 1864년 5월 29일에 므와니에에게 보내는 서신을 통해 사퇴 의사를 밝혔습니다.

그러나 또 한편으로 이제껏 뒤낭이 이룬 성취는 탁월한 것이었고, 앞으로 제네바 위원회가 성립하기 위해서 뒤낭이 가진 인맥이 몹시 중요한 상황이었습니다. 이에 므와니에를 비롯한 동료들이 뒤낭을 만류했고, 뒤낭은 사퇴 의사를 철회했습니다. 뒤낭은 다시 마음을 다잡고 최대한 많은 나라들을 제네바 위원회의 적십자 활동에 참가시키기 위해 애썼습니다.

제네바 위원회는 1863년 채택된 제네바 회의의 권고사항을 공식적인 국제 조약으로 변경하고, 각 나라들에게 법적으로 구속력을 가질 수 있게끔 하는 외교회의를 준비하고 있었습니다. 제네바 위원회만으로는 그러한 공식적인 외교회의를 소집할 능력이나 자격이 없었기 때문에, 이 시점에서 스위스 정부를 끌어들일 필요가 있었습니다. 스위스 정부가 동참함으로써 주권국가의 자격으로 관례에 따라 각국의 외교관들을 초청할 수 있었고, 1863년의 1차 제네바 회의에 대표를 파견하지 않았던 미국, 브라질, 멕시코와 같은 국가들과도 접촉할

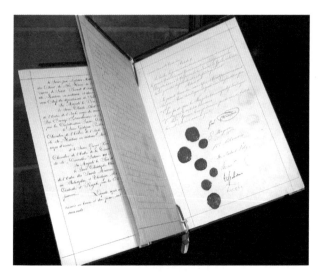

최초로 체결된 제네바 협약의 의정서 원본

수 있었습니다. 이때 뒤낭도 회의의 성립을 위해 사재를 털어가며 동분서주했고, 미국의 링컨 대통령으로부터 대표를 참가시키겠다는 약속을 얻어내기도 합니다. 그러나 이 와중에 뒤낭은 자신의 개인적인 사업을 완전히 등한시하게 됩니다.

마침내 1864년 8월 8일 뒤푸르 장군은 제네바 시청에서 25명의 국가대표들 앞에서 공식적인 외교회담 개최를 선언했습니다. 그리고 2주 후인 8월 22일, 16개국 (바덴, 벨기에, 덴마크, 미국, 프랑스, 헤세 공국, 네덜란드,

이탈리아, 포르투갈, 프러시아, 스웨덴, 노르웨이, 영국, 스페인, 스위스, 뷔르템베르크) 대표단 중 12개국이 최종 수정안 조약 "육전에 있어서의 군대 부상자의 상태 개선에 관한 협약"에 각국의 문장으로 서명함으로써 제네바 협약이 성립됩니다. 겨우 다섯 명이 주도적으로 준비한 회의가 18개월이라는 짧은 시간 안에 결실을 맺고, 인도주의에 입각한 전 세계적 협약을 성립시켰다는 것은 도무지 믿기지 않을 정도로 경이적인 업적이었습니다. 그리고 자원봉사자들의 지위와 보호에 관한 자신의 의견을 관철해냈다는 점에서, 뒤낭 개인에게 있어서도 이는 더할 나위 없는 기쁨이었을 것입니다.

제1차 제네바 회의(1863) 결의사항

본 국제회의는 군대 의무기관의 능력이 부족하다고 판단될 시에, 부상자에 대한 구호를 열망하며 다음의 결의사항을 채택한다.

제1조, 각국은 전시 또는 필요 시 총력을 다해 군대의 의료 활동을 지원할 위원회를 구성한다. 가장 유용하고 적절한 방법으로 각국 위원회를 조직한다.

제2조, 중앙본부에 해당하는 위원회를 보조하기 위해 분과를 설치할 수 있다.

제3조, 각 위원회는 정부와 긴밀한 관계를 유지하여 필요 시 의료 활동을 제공한다.

제4조, 전시에 구호 활동이 유용할 수 있도록 위원회와 분과는 평시에 대비한다. 특히 구호물자를 모두 준비하고, 자원봉사 의료진을 훈련하고 교육한다.

제5조, 전시에 교전국의 위원회는 각 부대에 구호 활동을 최대한 제공한다. 특히 자원봉사단을 구성해 전시 편제에 배치하고, 군 당국과의 협의하에 부상자를 치료할 수 있는 부지를 확보한다. 교전국의 위원회는 중립국 위원회에 원조를 요청할 수 있다.

제6조, 군 당국의 요청에 의해, 또는 군 당국의 동의하에 위원회는 자원봉사 의료진을 전장에 파견해 군령에 따라 활동하게 할 수 있다.

제7조, 각 위원회는 부대에 속한 자원봉사 의료진의 활동에 필요한 제반사항을 제공한다.

제8조, 모든 국가에서 자원봉사 의료진은 공통된 식별 표장으로 흰색 바탕에 붉은 십자가가 그려진 완장을 착용한다.

제9조, 각국 위원회와 분과는 총회에서 각국의 활동 결과를 공유하고, 구호 활동을 위한 수단을 협의한다.

제10조, 각국 위원회는 당분간 제네바 위원회의 중재를 통해 연락을 취한다.

상기 결의안과 별도로 제네바 회의는 다음과 같은 권고 사항을 채택한다.

A. 각국 정부는 향후 조직될 구호위원회를 적극 후원하며, 최선을 다해 위원회의 활동을 지원한다.

B. 전시에 교전국은 구급차 및 군병원의 중립을 선포하고, 또한 공식 의료진, 자원봉사 의료진, 부상자 구호를 위해 전쟁터에 있는 주민, 부상자 모두가 철저한 중립상태임을 인식해야 한다.

C. 모든 부대의 의무대 또는 최소한 같은 부대에 속하는 구호봉사 활동가는 공통된 표장으로 식별되어야 한다. 모든 국가의 구급차와 병원에 통일된 깃발을 부착해야 한다.

육전에 있어서의 군대 부상자의 상태 개선에 관한 협약

국제인도법의 핵심을 구성하는 제네바 협약은 최초로 채결된 1864년 이후, 전쟁의 형태와 무기가 발달하면서 그에 맞춰 단계별로 발전해왔다. 오늘날 말하는 제네바 협약은 1949년 채택된 4개 협약과 1977년의 추가 2개 의정서를 의미하는 것이다. 아래의 내용이 1864년 채결된 최초의 제네바 협약이다.

제1조, 구급차와 군 병원은 중립으로 인정할 것이다. 교전 당사자들은 부상자와 병자가 수용되어 있는 한 구급차와 군 병원을 보호하고 존중하여야 한다. 그러나 전투 부대가 구급차와 군 병원을 사용하는 경우 그 중립성은 종료

될 것이다.

제2조, 병원과 구급차의 요원은 병참 담당자, 의사, 행정요원, 운반요원 및 군종요원을 포함하여 임무수행 시 동일한 중립의 혜택을 누릴 것이다. 운반이나 도움이 필요한 부상자가 남아 있는 동안에도 그러하다.

제3조, 전조에 규정되어 있는 자들은 적에게 점령된 후일지라도 병원이나 구급차에서 그들의 임무를 계속 수행할 수 있으며, 혹은 그들이 속해 있는 부대로 철수하여 합류할 수 있다. 병원과 구급차의 요원이 자신의 임무를 중단해야 하는 상황이라면 점령군은 그들을 상대방 적군의 전초부대로 인도하여야 한다.

제4조, 군 병원의 자재는 전쟁법의 적용을 받게 되는 고로, 병원 요원들이 철수할 때에는 개인 재산에 해당하는 물건만 가지고 갈 수 있다. 반면 유사한 상황에서 구급차는 보유 장비로 유지되어야 할 것이다.

제5조, 부상자를 돕는 지역주민들은 보호될 것이며 자유로워야 한다. 교전국의 장군들은 주민들에게 인류애를 호소하며 인도적인 행동에 동참하도록 공고함을 자신의 의무로 삼아야 한다. 민가에 머물며 치료를 받고 있은 부상자가 있다면 그 보호가 보장되어야 한다. 부상자에게 숙

소를 제공하는 주민은 시설사용명령과 군용 징집에서 제외될 것이다.

제6조, 부상자나 환자인 전투요원은 그들이 어느 나라에 속하는지 여부를 묻지 않고 수용해서 치료하여야 한다. 군 사령관은 상황이 허용하고 교전 당사자의 합의가 있다면 교전하는 동안에도 부상당한 적군의 전투요원을 적군 전초부대로 즉시 인계할 수 있을 것이다. 부상당한 적군의 전투요원이 치유된 다음이라도 더 이상 군복무에 적합하지 않다고 인정된다면 그들을 본국으로 송환하여야 한다. 그 밖의 다른 자들도 교전 기간 동안에 재무장하지 않음을 조건으로, 마찬가지로 본국으로 송환될 수 있을 것이다. 부상자와 환자를 후송하는 교전 당사자들과 후송 요원들은 전적으로 중립으로 간주되어야 한다.

제7조, 병원, 구급차 및 부상자 후송부대를 위하여 공통된 식별깃발을 채택할 것이다. 그것은 여하한의 상황에서도 국기와 함께 게양되어야 한다. 중립의 혜택을 누리는 요원은 완장을 착용할 수 있을 것이로되, 그것은 군 당국을 통해 발급되어야 한다. 깃발과 완장에는 백색 바탕 위 적십자가 표시되어야 한다.

제8조, 본 협약의 이행은 각국 정부의 지시를 수행하는

교전국 군대의 사령관에 의해서 행해져야 하되, 본 협약에서 규정된 일반원칙에 따라야 할 것이다.

제9조, 본 협약의 체약국은 제네바에서 열린 국제회의에 전권대사를 파견할 수 없었던 정부에도 가입을 권유하기 위하여 본 협약의 내용을 알리기로 합의하였다. 따라서 본 협약은 개방되어 있다.

제10조, 본 협약은 가능한 한 다음 4개월 이내에 비준되어야 하며, 그 비준서는 스위스 베른에서 교환할 것이다.

영웅에서 나락으로, 망명자의 삶

1864년 2차 제네바회의가 끝난 후 유럽 각지에서, 앞으로 전쟁터를 활보하게 될 중립적인 자원봉사자들에 대한 보도가 쏟아져 나왔습니다. 피아를 가리지 않고 인류의 생명을 수호하는 기구의 설립자인 앙리 뒤낭은 전 세계적인 유명인사가 되었습니다. 뒤낭에게 찬사와 칭송이 쏟아졌고, 1865년 1월 19일에는 나폴레옹 황제로부터 명예 훈장을 받기까지 했습니다.

그러나 그런 명예와 영광과 별개로, 뒤낭은 개인적인 근심에 휩싸여 있었습니다. 알제리에서 벌여놓은 사업은 도무지 나아질 기미가 보이지 않았고, 나날이 빚만 늘어갔습니다. 이때 많은 사람들이 보여주는 존경과

호의에 기대를 건 뒤낭은 공세로 돌아서 새로운 사업을 전개하기로 결심했습니다. 자신이 중역으로 있던 제네바 신용금고Crédit genevois에서 막대한 자금을 빌려 투자회사를 설립한 것입니다.

뒤낭의 계획은 중동 지역의 경제발전을 목표로 한 장대한 것이었습니다. 당시 터키가 점령하고 있던 팔레스타인의 유대인들에게 삶의 터전을 만들어주고자 했습니다. 그러나 프로이센과 오스트리아 제국 사이에서, 독일 연방 내의 주도권을 둘러싸고 전쟁이 일어나면서 모든 것이 뒤집어졌습니다. 전쟁의 여파로 발생한 경제위기는 뒤낭이 계획한 모든 것을 물거품으로 만들었습니다.

알제리의 몽-제밀라 제분회사는 다시 지불불능 사태에 빠졌고, 제네바 신용금고 또한 파산위기에 처했습니다. 채권자들은 제네바 재판소에 뒤낭을 고발하여 재산 차압을 요구했습니다. 이 와중에 뒤낭은 프로이센의 적십자 후원자로서 전쟁 부상병을 위한 병원과 재단을 만든 아우구스타Augusta von Sachsen-Weimar(1811~1890) 왕비에게서 초대를 받아, 승전을 기념하는 만찬에 참석하고 있었습니다. 후에 독일 황제가 되는 빌헬름 1세와 접견한

오스트리아가 패배하는 결정적인 계기가 되었던 쾨니히그레츠Königgrätzer 전투 ©Georg Bleibtreu

그날 저녁의 뒤낭으로서는 제네바에서 자신을 기다리고 있을 사태를 상상조차 할 수 없었을 것입니다.

뒤낭의 귀국 후, 1867년 10월 제네바 신용금고는 결국 파산 신청을 했고, 뒤낭은 법정에서 패소하게 되었습니다. 경제적인 파산에 더해 유죄 판결까지 받게 되면서, 뒤낭은 완전히 파멸하고 말았습니다. 그가 사업을 벌인 것은 사리사욕을 위해서가 아니라, 오로지 가난하고 고통받는 사람들을 위해서 돈이 필요했기 때문이건만, 결과적으로 투자자들에 대한 고의적 기만과 배상 책임이 인정되면서 정신적으로 큰 타격을 받았습니다. 그는 쫓겨나듯이 제네바를 떠나야 했습니다.

한창 나이인 나에게 비극이 닥쳤다. 아직 40세도 채 되지 않았을 때의 일이다. 39세인 내 생애에 나를 둘러싼 모든 것이 실패로 끝났다. (...) 나는 그때까지 가지고 있었던 신뢰와 정열, 감동을 잃었고 끝 모를 나락으로 떨어졌다.

−Zeit Schluessel, 『Ein Mann fuer Millionen』

가족, 친지들과도 얼굴을 마주칠 수 없었던 뒤낭은 괴로워하는 어머니를 뒤로하고 파리로 향했습니다. 1867년은 그렇게, 뒤낭의 기나긴 고행이 시작된 해였습니다. 뒤낭은 이후 그것을 자신의 '경솔함'에 대한 대가로 이해하였습니다. 모든 것을 잃은 뒤낭은 아주 곤궁한 삶을 이어갔습니다. 슬픔과 좌절, 가난과 배고픔. 일생을 바쳐 이웃들의 문제를 해결하려고 했는데, 그 문제들이 이번에는 자신을 덮쳐 왔습니다. 방 한 칸 구할 형편조차 되지 못해 노숙자들 사이에서, 다리 밑에서, 역의 대합실에서 밤을 보냈습니다.

1867년 5월 나는 완전히 망했다. 모든 것을 잃었다. 이 시기 나는 근심과 후회로 며칠을 앓았고 내 자신을 변호할 글을 쓰고자 했다. 하지만 물질적으로 수습하기 어려운 난관에서 벗어나기 위해 할 수 있는 것이 아무것도 없었다. 나는 수없이 배신을 당했지만 내가 누구를 배신한 적은 한 번도 없었다. 다시 말하지만 나는 항상 좋은 의도였다. 사업에서 무능과 부주의, 사람을 잘못 믿은 것은 내가 분명히 피했어야 했다. 나는 단순하고 겸손한 문학도hommes de lettres 이상도 이하도 아니었다.

-Yvonne Steiner, 『Herny Dunant: Biographie』

그렇게 뒤낭은 힘겨운 이중생활을 이어갔습니다. 낮에는 종종 파리에서 열리는 살롱의 초대 손님으로 대담하게 참석하곤 했습니다. 단벌신사였기에 닳아빠진 소매와 옷깃을 감추기 위해 검은 잉크로 칠하기도 했습니다. 그러나 파리의 사교계에서는 누구도 그의 경제 사정을 알지 못했습니다. 뒤낭이 그 시절에 남긴 메모에는 붉은색으로 둘러놓은 "거리 방랑으로 3개월 구류"라는 내용도 있었습니다. 호화로운 살롱에서 나와서는 빈민구호소 앞에 줄을 서 음식을 얻어먹고, 굶주린 배를 안고 빵집 진열장을 하염없이 노려보기도 했습니다.

당시 제네바 위원회에는 제네바 협약 체결을 위해 배

19세기 유럽의 빈민구호소. 뒤낭은 제네바를 떠난 후 오랜 기간 거리를 전전하는 비참한 생활을 하게 된다.

정된, 다소 자유로운 용도의 예산이 있었지만 누구도 이를 차용해줄 생각조차 하지 않았습니다. 오히려 제네바에서는 파산자와의 모든 연결고리를 끊어버리려고 했습니다. 뒤낭이 파리로 떠난 후, 과거의 친구와 동지들은 그와 거리를 두기 시작했습니다. 특히 제네바 위원회의 동료들은 뒤낭의 존재에서 부담을 느꼈습니다. 현실적이었던 므와니에는 제네바 위원회와 전시부상자 구호단체의 명성이 뒤낭의 추락으로 인해 해를 입을 것을 두려워했습니다. 므와니에와 이사회는 '사기꾼'이 되어버린 뒤낭을 동료로 인정하려 하지 않았습니다. 이제 그들에게 있어서 뒤낭은 있으나 마나 한, 아니 없는 편이 더 나을 존재가 되었던 것입니다. 더 이상 뒤낭의 이름은 어디에서도 언급되지 않았고, 마치 없었던 존재인 것처럼 취급했습니다.

특히 므와니에는 적십자의 명예에 해가 되지 않게 즉시 위원회에서 사퇴할 것을 요구했습니다. 그리고 이후 1867년 9월 7일, 제네바 위원회 의장 므와니에는 8월 25일 자로 앙리 뒤낭이 위원직을 사퇴했음을 발표하게 됩니다. 제네바 기독교청년회도 회원목록에서 창립자인 뒤낭의 이름을 지워버렸습니다. 뒤낭에게 마지막 남은 연결고리라고는 오직 가족뿐이었습니다.

1867년 여름 파리에서는 만국박람회가 열렸습니다. 여기에서 뒤푸르 장군과 므와니에 그리고 뒤낭 세 사람에게 인류복지를 위해 노력한 감사의 뜻으로 메달이 수여되었습니다. 회장의 한 전시관에는 뒤낭이 설립한 파리 부상자 구호단체에서 세운 뒤낭의 흉상이 자리 잡았습니다. 그러나 뒤낭은 월계수 잎으로 장식된 이 영예로운 흉상이, 자신의 비참한 처지와 도무지 어울리지 않는다고 생각하여 다른 사람들이 보지 못하도록 재빨리 철거하도록 했습니다.

7월 7일에는 프랑스의 외제니Eugenia 황후가 튀일리

1867년 열린 파리 만국박람회의 전경 ⓒÉdouard Manet

궁^{Palais des Tuileries}에 뒤낭을 초대했습니다. 그녀는 전쟁 부
상자에 대한 제네바 협약을 해전에까지 확장시키기를
원했습니다. 뒤낭은 외제니 황후와의 친분에 힘입어,
그녀가 내세우는 포로들의 인도적인 대우를 위한 다섯
가지 조항을 앞으로 열리는 국제회의의 의사일정에 포
함시키려 했습니다. 그러나 므와니에는 제네바 협정에
어떤 추가조항을 더하는 것도 반대했습니다. 적십자사
는 외제니 황후와 뒤낭이 당시에 논의했던 사항들을 수
십 년이 지나서 1899년 헤이그 회의에 이르러서야 비로
소 논의하게 됩니다.

뒤낭은 신문에 종종 기고하거나 의사록을 작성하는
등의 소일거리를 하면서 숙식을 해결했습니다. 제네바

| 뒤낭과 함께 포로들의 인도적인 대우를 고민했던 외제니 황후

에 남은 뒤낭의 어머니는 편지로 뒤낭을 격려하고, 파
리에서 추운 겨울을 견뎌야 하는 아들을 위해서 털코트
를 보내주었습니다. 그러나 그 어머니마저 1868년 2월

2일, 68세로 작고하였습니다. 뒤낭은 더 이상, 상황이 좋아지리라는 어떠한 기대도 할 수 없었습니다. 그러한 힘든 상황에서도 뒤낭은 활동을 멈추지 않았습니다. 그중 하나가 '문명의 발전과 민족들 간의 조화를 진흥하기 위한' 수단으로, 여러 나라와 시기를 아우르는 백과사전을 편찬하는 일이었습니다. 이는 나중에 유네스

| 이 시기에 뒤낭이 몰두했던 국제도서관 구상에 관한 메모

코UNESCO의 활동으로 이어집니다. 그러나 당시 뒤낭은, 자신이 발표하고 집중했던 활동들이 잘 알려지지 않고 좌초된다는 사실에 몹시 실망하였습니다.

1870년에 프로이센과 프랑스 사이에서 전쟁이 일어나면서, 파리에 있던 뒤낭에게 예상치 못한 역할이 주어졌습니다. 뒤낭은 다시 한 번 전장 한복판에 서게 되었습니다. 전장이 되어버린 파리 시민들을 위해 구호단체를 조직했고, 군 당국에 제네바 협정 조항을 다시금 인식하도록 촉구하였습니다. 파리가 점령되었을 때 부상병이 있는 집들이 적십자의 표장으로 보호받음을 주장하였습니다. 그렇게 전장에서 위험에 처한 사람들을 돕고, 중립국 시민의 자격으로 포로 석방을 위해 전쟁 당사국과 담판을 벌이다가 스파이로 간주되어 위기에 처하기도 했습니다. 전쟁이 끝난 후에 파리 코뮌La Commune de Paris*의 성립 과정에서 일어난 처참한 살육 현장에서도 사람들을 보호하기 위해 동분서주했습니다. 이에 프랑스 적십자는 뒤낭의 노고에 감사하며 거액의 상

---

* 프랑스 제5차 혁명이라고도 한다. 프랑스 파리에서 민중들이 처음으로 세운 사회주의 자치 정부로, 프로이센–프랑스 전쟁에서 패한 프랑스 제2제국 정부의 무능함에 대한 반발로 프랑스 민중들이 일으킨 항쟁에서 시작되었다.

파리 코뮌은 세계 최초의, 노동자 계급 자치에 의한 민주주의 정부로 평가받는다.

금과 명예 훈장을 추서하고자 했지만 뒤낭은 거절했고, 자신을 위한 모금 운동도 단호하게 거부했습니다.

1872년 뒤낭의 삼촌이며 두 번째 대부인 다비드 뒤낭이 세상을 떠나며, 뒤낭에게 유산으로 매년 1,200스위스프랑의 종신연금을 남겼습니다. 이는 뒤낭이 연명할 수 있는 발판이 되었습니다. 이 연금을 받아 최소한의 생활을 유지할 수 있게 되기까지, 뒤낭은 굶주림 속에서 살았습니다. 1872년 9월 중순에는 영국에서 열린 한 회의에 초대받아 강연을 하는 도중, 의식을 잃고 졸도하는 일까지 있었습니다. 이 시기에 대하여 뒤낭은 다음과 같이 회고하고 있습니다.

런던 평화회의Peace Society가 여행경비와 숙박비를 제공
했지만 나는 아름다운 도시 데번Devon, Devonshire에서 남몰
래 굶주림으로 고생하고 있었다. 런던으로 올 때 나는
돈 걱정, 추운 날씨, 영양실조로 몹시 아팠었다. (...) 호
텔에서 아침 한 끼로 버텨야 했다. 초대를 받지 못하면
점심, 저녁은 굶었다. 14일 동안 계속 그랬다. 아무도
이를 눈치채지 못했다.

　　-Yvonne Steiner, 『Herny Dunant: Biographie』

적십자 표장과 오늘날의 적십자

제네바 협약은 제7조에서 자원봉사자들은 모든 나라에서 똑같은 제복이나 표장을 통해 구분하며, 중립성을 보장받고 군의 보호를 받는다는 점을 명시했다. 이 적십자의 표장에 관한 토론은 이미 1853년 초에 열렸던 제네바 공익협회의 인쇄물에 기록이 남아 있다. 당시 뒤푸르 장군은 통일된 표식으로 완장을 차게 함으로써 자원봉사자들을 구분하고, 위협과 적대적 행동으로부터 보호하자는 의견을 냈다. 이 표장으로 스위스의 국기에서 색을 반대로 뒤집은 현재의 적십자 문양, 즉 흰색 바탕에 붉은 십자 모양을 채택한 것은 처음 적십자를 발의한 제네바 위원회와 스위스의 영향이다. 스위스에게 있어서 아주 영광스러운 일이기도 하다.

그러나 그 후 적십자는 스위스를 중심으로 한 구미 국가들에 머무르지 않고, 전 세계 인류의 복지를 위해 일하는 국제적 구호기구로 발전했다. 1864년 채택된 제1차 제네바 협약 또한 그 후 몇 차례 수정 내지 확장 끝에 1949년 8월 12일 자로 작성된 64조의 조항으로 거듭났다. 육전, 해전, 포로 및 민간인에 관한 4대 조약이 첨가되어 국제 인도주의 법전으로 간주되며 새로운 과업에 맞추어 범위와 활동분야는 시대에 맞추어 확장되어갔다.

십자가에 저항감이 있는 무슬림 국가에까지 적십자의 영향력이 확장된 것 또한 당연한 수순이었다. 1878년 오스만제국은 적십자 대신 적신월을 사용하기로 결정했고 이슬람교를 믿는 많은 나라들은 이러한 공통의 상징을 받아들였다. 1929년에는 이란에 의해 만들어진 적사자 태양도 인정되었으나 1979년 이후로는 쓰이지 않는다. 2005년 12월 열린 적십자 회의에서는 추가조항으로 통과된 종교와 국가를 떠난 자유로운 보호표장으로 '적수정'도 채택되었다. 이 붉은 크리스털 문양의 표장은 적십자나 적신월, 둘 중 어느 쪽도 사용하지 않는 국가의 구호기구 표시가 되었고, 넓은 의미에서 적십자 운동의 일부로 편입되었다.

중요한 것은 적십자와 적신월, 적수정 중 어느 것을 달고 있느냐가 아니다. 어떤 것이든 간에 그 안에 담겨 있는 적십자정신만은 모든 참가자들이 공유하고 있다. 오늘날에도 적십자 표장을 단 구조단들은 전 세계를 누비며 곤경에 빠진 민간인들 구조와 자연재해 피해지역 봉사에 나서고 있다. 처음 설립된 뜻 그대로 전쟁피해의 수습에도 힘쓰고 있다. 최근에 전 세계에서 개인지뢰금지를 위해 애쓰고 있는 것은 전쟁이 끝난 후에도 개인지뢰가 수많은 민간인들을 다치게 하고 죽이기 때문이다.

단 다섯 명으로 출발한 국제적십자위원회(ICRC=IKRK)는 오늘날 제네바에 본부를 두고 있으며 196개국과 제네바 협약을 맺고 전 세계적으로 약 1억 명의 회원과 자원봉사자들이 활동하는 거대한 기구로 거듭났다.

구체적인 활동으로 2018년 약 90여 곳에서 102만 명의 포로를 방문했다. 약 15만 707개의 메시지가 적십자를 통해 가족들에게 전달되었고, 840명의 어린이가 가족에게 인도되었다. 약 700만 명이 국제적십자위원회의 도움으로 식료품을 배급받았고 약 500만 명은 침구와 천막, 위생용품을 조달받았다. 3,500만 명 이상이 물과 욕조, 변기 등 위생 시설의 혜택을 받았고, 500만 명이 보건소의 진료를 받을 수 있었다. 더 중요한 것은 예방 사업 차원으로 80개 국 이상에서 군과 경찰을 대상으로 인도주의 국제법 교육 을 실시하고 있다는 점이다. 국제적십자위원회는 오늘날 재원의 90%를 각 회원국과 유럽위원회에서 지원을 받고 있으며, 앞으로 개인 기부나 민간부문에서 받는 지원을 확 대해나가는 것을 목표로 삼고 있다.

도움의 손길

1872년 초여름 뒤낭은 프랑스의 유명한 작곡가 카스트너Jean Georges Kastner의 미망인이며 엘사스 출신 극장 주인의 딸인 레오니 카스트너Leonie Kastner(1820~1888)를 만났습니다. 그녀를 소개해준 것은 영국에 망명하고 있던 나폴레옹 3세였습니다. 황제는 카스트너 부인에게 새로운 기구 설립을 구상하고 있는 뒤낭을 도와줄 것을 부탁했습니다. 뒤낭이 구상한 '세계 질서 문명을 위한 연합Alliance universelle de l'ordre et de la civilisation'은 사회적·정치적인 평화를 추구하는 시민활동을 전개하기 위한 단체로, 이 단체의 공동 설립자 중 한 명인 파시는 이후 뒤낭과 제1회 노벨 평화상을 공동으로 수상하게 됩니다. 뒤낭과 동지들은 전쟁으로 생겨
난 피해를 복구하는 것
으로 충분하지 않다는
것을, 그보다 중요한 것
은 전쟁을 방지하는 것
임을 확신했습니다.

이 연합은 뒤낭이 앞
으로 더 많은 인도주의
적인 과업을 이루기 위

훗날 뒤낭과 노벨 평화상을 공동으로
수상하는 프레데리크 파시

한 무대였습니다. 그것은 여러 나라에 지부를 가진 국
제적십자위원회의 모태였고 파리에 본부를 둔 국제위
원회였습니다. 뒤낭은 여기서도 온갖 일을 맡아서 했습
니다. 초청장을 보내고, 의사록을 작성하며, 정기적으
로 회보를 발행하고 국내외로 강연을 다녔습니다. 제안
서를 작성하고 후원자들을 찾으러 사교모임을 돌아다
녔습니다. 그의 가장 주요한 관심사는 전쟁포로 취급
에 대한 것, 국제분쟁을 해결하는 국제재판소의 도입,
노예제 폐지에 대해 전 세계적인 합의를 이끌어내는 것
등이었습니다.

카스트너 부인은 후원자로서 사무실을 얻어주는 등

연합의 일을 도와주는 것만이 아니라, 뒤낭 개인의 거처를 마련해주고 생활을 보살펴주는 등의 도움도 아끼지 않았습니다. 그 대신 카스트너 부인은 뒤낭에게 자신의 아들 프레데릭을 돌보아줄 것을 부탁했습니다. 레오니의 큰아들이었던 프레데릭은 음악에 관심이 많은 물리학도였습니다. 유리 실린더에 가스를 연소시켜 소리를 내는 '불꽃으로 연주하는 오르간', 즉 풍금의 일종인 파이로폰pyrophon을 발명했습니다. 뒤낭은 이 악기에 대해 광고를 내기도 하고, 런던에서 열린 시연회에 참석하기도 하면서 프레데릭을 돌봐주었습니다. 안타깝게도 시연회에서 폭발 사고가 일어나는 바람에 흥행에는 실패하게 됩니다.

프레데릭 카스트너가 개발한 파이로폰. 소리를 낼 때마다 불꽃이 피어오르는 구조라 폭발의 위험이 있었다.

뒤낭과 레오니의 관계가 실제로 어떠했는지를 엿볼 수 있는 자료는 거의 남아 있지 않습니다. 레오니에 대한 언급은 그녀의 남편 작곡가 카스트너의 전기와, 뒤낭의 회고록에 약간 남아 있을 뿐입니

다. 두 사람은 1872년에서 1880년 사이에 종종 만나서
유럽을 여행하곤 했습니다. 그러나 1879년에 이르러 두
사람의 관계는 거의 단절되었습니다.

> 1879년부터 우리들의 적들의 압박이 커졌고 우리들
> 은 서로가 상처 입히게 될 것 같아 예민해졌기에 서로
> 만나는 것을 그만두기로 했다. 그녀의 초청으로 1879년
> 여름 하이델베르크에 방문했을 때 그녀를 만났고, 그
> 후로 딱 한 번 더 만났다. 그녀는 내가 온천요양을 하고
> 있는 바덴에 왔고 세 번 식사를 같이 했다. 그 이후로는
> 그녀가 나를 더 이상 초대하지 않았기에 다시 만나지
> 못했다.
>
> –Yvonne Steiner, 『Herny Dunant: Biographie』

이들의 관계에 대해서는 많은 추측이 난무하였지만,
뒤낭으로서는 가난한 자신이 부유한 미망인과 결혼한
다는 것은 있을 수 없는 일이었습니다. 도저히 상상조
차 할 수 없는 수치로 여겼고, 주위의 수군거림도 참을
수 없었습니다. 카스트너 부인의 작은아들은 알베르라
는 이름이었는데, 뒤낭은 그를 개인적으로 만나본 일도

없습니다. 그러나 뒤낭은 알베르를 '자신이 카스트너 부인의 재산을 노려 접근한다'라는 악의적인 소문을 퍼뜨린 장본인으로 생각해 회고록에서 적의를 드러낸 바 있습니다.

카스트너 부인은 뒤낭을 아주 높이 평가했으며 늘 도움을 주려고 했습니다. 그러나 뒤낭은 어디까지나 최소한의 경비와 생활비 수준에서만 도움을 받고자 했으며, 이를 두 사람의 부적절한 관계에서 비롯된 것이 아닌, 카스트너 부인의 선의와 의무감에서 비롯된 자선활동으로 받아들인 것으로 보입니다. 그러나 1882년 프레데릭이 사망하면서 두 사람의 연결고리는 끊어지고 맙니다. 그후 카스트너 부인은 스트라스부르Strasbourg에 은거했는데 그곳에서 뒤낭과 교환한 편지는 하나도 남아 있지 않습니다. 그리고 그녀의 둘째 아들 알베르가 유서에 가족의 모든 편지를 없애라고 했기에 편지는 물론이고 카스트너 부인의 사진조차도 남지 않았습니다.

아무튼 이렇게 뒤낭은 몰락한 이후에도 여러 사람과 교류하며 신념에 맞는 활동을 하기 위해 다양한 시도를 했습니다. 파시와 함께 설립한 연합처럼 사람들의 지지와 찬사를 받은 경우도 있지만, 난항을 겪은 경우도 적

| 스트라스부르에 남은 레오니 카스트너의 묘지

지 않습니다. 가령 포로들의 처우 개선과 같은 희망사
항은 25년이 지나서야 국제적십자사에서 합의를 얻었
고, 국제재판소 설립의 꿈은 2차 대전이 끝난 후 비로소
덴 하흐^{den Haag}*에서 설립되었습니다. 결과적으로 10년
가까이 지칠 줄 모르고 활동을 계속했지만, 뒤낭 자신
이 새롭게 남긴 뚜렷한 업적은 없었고, 그를 둘러싼 상
황은 악화일로로 치닫게 됩니다.

　1876년 '세계 질서 문명을 위한 연합'은 실패로 끝났
고, 이후 사무실과 거처를 마련해준 카스트너 부인 또

---

* 　현지의 명칭보다, 영명인 헤이그로 더 잘 알려진 도시. 만국평화회의가 열린 곳
으로 유명하다.

한 은거하게 되면서 뒤낭은 다시 고독과 가난에 고통받습니다. 물질적인 결핍과 함께, 성격적인 예민함으로 인한 죄책감 또한 그를 괴롭혔습니다. 한때 왕성하게 사람들을 만나러 다니던 사교계의 영웅은 사람 만나는 것을 겁내고, 타인을 믿지 못하며 육체적으로도 쇠약해졌습니다.

이 상황에서 그가 무엇을 할 수 있었을까요? 사실 1876년에서 1887년에 이르는 약 11년간의 생에 대해서는 거의 알려진 게 없습니다. 그가 남긴 여권이나 기록에 비추어보면 유럽 각지를 돌아다니면서, 친지나 친구들을 찾아다니곤 했던 것으로 보입니다. 이를테면 1878년 1월부터 3월까지 뒤낭은 후원자인 카스트너 부인의 초대로 몇 달 동안 이탈리아반도를 여행했습니다. 베네치아, 피렌체, 볼로냐를 방문하고 로마에 한동안 머무르기도 했습니다. 로마에서 파리로 돌아오는 길에는 3월부터 6월까지, 3개월에 걸쳐 루가노에 머물렀습니다. 자애로운 카스트너 부인이 여행비용만이 아니라 요양비용까지 지불하여, 뒤낭의 위장병과 습진을 치료할 수 있게끔 도왔습니다. 1880년부터 1887년까지는 몇 차례 런던에 머문 뒤낭은 영국의 경건주의자들이나 프로테

뒤낭이 남긴 여행 기록이 적힌 메모

스탄트 교회 안의 각성운동 그룹들과 관계를 가지고 신도들 집에서 신세를 진 것으로 보입니다.

독일의 일부가 된 뷔르템베르크 왕국 슈투트가르트에 살았던 에른스트 바그너Ernst Wagner 목사 또한 뒤낭에게 도움의 손길을 내밀었던 사람 중 한 명입니다. 그는 1863년 10월 제1차 제네바 회의에서 뒤낭을 알게 된 후로 뒤낭을 존경해왔습니다. 바그너 목사는 뷔르템베르크의 대표로 1863년 회의에 참석했었고, 『솔페리노의 회상』 제4판을 최초로 독일어로 번역하기도 했습니다. 바그너 목사는 1876년 말 정처 없이 떠돌던 뒤낭에게 목사관의 다락방 두 개를 임시 숙소로 제공했습니다. 정신적으로 매우 불안정한 상태에 놓여 있던 뒤낭은 거기에 머무르지 못하고 곧 여행을 떠나버렸지만, 그래도 아무런 대가 없이 자신에게 베풀어진 임시 숙소를 이따금 찾곤 했습니다.

1877년 여름 바그너 목사 집에서 멀지 않은 곳에서 산보하는 길에, 뒤낭은 21세의 루돌프 밀러Rudolf Müller(1856~1922)라는 젊은 대학생을 우연히 만납니다. 루돌프 밀러는 이후 뒤낭의 생애와 업적을 글로 남기게 되며, 뒤낭이 가장 의지하고 신뢰하는 친구로 남게 됩니다. 뒤낭의 명예를 회복하고 노벨 평화상을 받는 데도 그의 역할이 지대했습니다. 당시 튀빙겐대학교 학생으로 방학이 되어 어머니가 살고 있는 슈투트가르트에 와 있던 뮐러는 뒤낭과의 첫 만남을 이렇게 술회했습니다.

1877년 방학 때 쾌청한 여름날 아침 집 근처를 산보하며 농장 가까이 있는 전망대 위에서 경치를 바라보고 있었는데 나 말고 중년 나이의 남자도 그곳에 있었다. 그는 나에게 아주 서툰 독일어로 '날씨가 좋군'이라고 날씨 얘기를 했다. 우리는 앉아서 불어로 계속 얘기를 나누었고 함께 뷜거알레Buergeralle 길을 따라 걸었다. 그는 적십자 설립자 앙리 뒤낭 씨였는데 여러 가지 불운을 겪은 후 임시로 바그너 목사 댁에서 피난처를 찾았다. 내가 있는 집 가까이의 하젠베르그스타이게Hasenbergsteige 7번지에서 지붕 밑 방 두 개를 얻어 살고 있었다. 그는 방랑하는 삶을 살아왔고 1870년과 1871년 파리가 포위되는 동안 파리에 살았다. 잠시 동안은 런던에 있었고 1877년부터 1885년 사이 몇 차례 들락날락하면서 앞서 말한 바그너 목사 집에 살고 있었다. 나는 그를 종종 방문했고 1910년 그가 죽을 때까지 교류했다.

-Hans Amann, 『Rudolf Müller』

철학을 공부하던 이 젊은 대학생과 뒤낭은 거의 30세 가까이 나이 차이가 났지만, 나이를 뛰어넘어 두 사람은 이내 친해졌습니다. 뮐러는 뒤낭이 파리나 런던에 가 있을 때도 편지로 연락을 하며 교류를 이어갔습니다. 심지어 1879년 10월부터 1880년 8월까지, 뒤낭이 런던의 콤브가Coombe家에 머무를 때, 마침 영어를 공부하기 위해 영국으로 건너왔던 뮐러가 찾아와 2주간을 같이 머무는 일도 있었습니다. 뒤낭과 뮐러는 이 시기에 서로를 깊이 알게 되고 더 가까워졌습니다. 두 사람이 1877년부터 1910년까지 교환한 편지는 1,525장이나 되고 오늘날 제네바대학 도서관에 소장되어 있습니다. 뒤낭은 독일어를 거의 하지 못했기에 편지는 불어로만 쓰여 있습니다.

제네바의 채권자들로부터 계속 추적을 받고 있다는 망상과 두려움에 시달렸던 뒤낭은 두 사람 간의 편지는 서로 가명으로 쓸 것을 제안했습니다. 편지에서 뒤낭은 자신을 폴Paul이라고 지칭했고, 뮐러는 디모데우스^{Thimoteus}라고 불렀습니다.

뒤낭은 슈투트가르트 템플기사단의 회계였던 알프레드 그래터^{Alfred Graeter}도 사귀게 되었습니다. 템플기사단은 그리스도의 재림을 위해서 먼저 예루살렘의 성전이 재건되어야 한다고 믿었습니다. 그들은 뒤낭의 파리 망명 첫해에 당시 그 지역을 통치하고 있던 터키로부터 성전 재건을 위한 인가를 받아달라는 부탁을 하며 사례금으로 2,500프랑에 달하는 금액을 뒤낭에게 지불했습니다. 뒤낭은 그들의 뜻을 받아들였지만 교섭 실패로 사례금의 반은 되돌려주었습니다. 비록 실패했다고 하더라도 템플기사단은 협상자로서의 뒤낭의 노력에 감사를 표했습니다.

슈투트가르트에 머무는 동안 뒤낭은 성경 공부를 하며 서서히 마음의 평화를 찾을 수 있었습니다. 그러나 1885년 바그너 목사의 부인마저 죽자 뒤낭은 거의 10년 동안 정이 들었던 슈투트가르트의 거처를 떠나야만 했습니다. 그리고 새로운 거처로 권유를 받은 곳이, 슈투트가르트의 친구들과 함께 뒤낭이 1881년 5월과 6월 여름휴가를 보낸 적이 있던 스위스 동쪽 끝에 있는 하이덴^{Heiden}입니다. 공기가 좋은 요양지인 하이덴은 뒤낭

아펜첼 지역의 특색이 살아 있는 휴양지로 이름이 높은 하이덴의 현재 모습

에게 좋은 기억으로 남아 있었습니다. 해발 800미터 이상에 위치한 하이덴은 파리에서 모스코바에 이르는 전 유럽의 사람들에게 잘 알려진 휴양지였습니다. 뒤낭은 하이덴으로 옮겨 가기로 마음먹었습니다.

하이덴의 괴팍한 은둔자

1887년 7월 뒤낭은 단출한 짐만을 들고 하이덴에 발을 들여놓았습니다. 정처 없이 유럽을 떠도는 사이에 그는 어느새 59세가 되었고, 깡마른 체구에 큰 키, 거기에 흰 수염을 기다랗게 길렀습니다. 그가 떠나온 제네바와 한참 떨어진 스위스 북동부 국경의 요양지 하이덴이, 이 노신사의 제2의 고향이 된 것입니다.

뒤낭은 기찻길 종점에 있는 호텔 파라다이스^{Paradies}란 곳을 숙소로 정했습니다. 어느 날 만난 하이덴 지역의 의사인 알트헤어^{Hermann Altherr} 박사는 자신을 찾아온 환자가 적십자의 설립자라는 사실을 알고 깜짝 놀랐습니다. 알트헤어 박사만 아니라, 스위스의 많은 사람들이 종적

| 뒤낭이 기거했던 하이덴의 호텔 파라다이스

이 끊긴 앙리 뒤낭이 이미 죽었으리라 생각하고 있었습니다. 알트헤어 박사의 아내인 엠마 부인^{Frau Emma}은 프랑스의 샤모니^{Chamonix} 출신으로, 모국어인 불어로 대화를 할 수 있는 뒤낭을 매우 반겼습니다.

독일어를 잘하지 못했던 뒤낭은, 그렇게 불어를 할 수 있는 사람들과 많은 교류를 했습니다. 그중의 한 사람이 하이덴 중학교의 선생이었던 존더레거^{Wilhelm Sonderegger}입니다. 존더레거의 부인 수잔나는 나이 들어 자녀들을 위해 쓴 회고록에 뒤낭과의 인연을 다음과 같이 썼습니다.

뒤낭의 말년에 큰 도움이 되어주었던 알트헤어 박사

1889년인지 1890년에 남편은 하이덴에 이상한 남자가 산다는 얘기를 했다. 학교에서 애들이 무릎까지 내려오는 흰 수염에 작은 벨벳 모자를 쓴 검정 옷을 입은 신사가 길에 다니며 하얀 작은 돌을 주워서 호주머니에 넣고 다닌다고 했다. 그는 아이들에게 아주 친절했지만 독일어를 잘 이해 못 한다고 했다. 그 후 얼마 지나 남편은 흥분해서 귀가하며 자신이 그 이상한 남자를 알게 되었다며 밤에 집으로 데려오겠다고 했다. 그는 적십자 설립이라는 일을 이루어낸 인물이며 스태헬리Staeheli 가족이 경영하는 파라다이스 호텔에서 아주 검소하게 살고 있다고 했다. 나는 당시 적십자에 대해 아무것도 몰랐기에 남편에게서 설명을 들어야 했다. 학교가 끝난 후 남편은 뒤낭 씨(우리들은 그를 계속 뒤낭 씨라고 불렀다)를 데려왔는데 나는 그의 첫인상을 잊을 수 없다. 그의 얼굴에는 사랑과, 친절한 기품이 풍겼다. 그때부터 뒤낭 씨는 매일 우리에게

왔고 종종 너무 자주, 길게 우리들의 시간을 빼앗았다. (…) 그가 말하는 교훈, 맑은 속마음을 알게 되면서 나는 점점 뒤낭 씨의 정신세계와 인생관을 신뢰하게 되었다. (…) 뒤낭 씨는 거의 항상 적십자에 대해 말했고 자신의 실패, 하나님과 성경, 세상과 인간에 대한 얘기를 하곤 했다.

존더레거 부인은 불어를 잘하지 못했고, 뒤낭은 독일어가 엉망이었기에, 존더레거 선생이 없을 때 이들의 의사소통은 쉽지 않았습니다. 그러나 뒤낭은 정작 자신이 독일어를 공부해보려는 생각은 없었고 오히려 존더레거 부인이 불어를 배우길 원해서, 그녀에게 불어 단어집을 선물하기도 했던 모양입니다. 그러나 그런 장벽에도 불구하고 이들은 교류를 이어갔고, 쾌적한 주위 환경 속에서 뒤낭은 정신적·육체적인 고통에서 눈에 띄게 회복되고 있었습니다.

정신적으로 많이 안정을 찾은 뒤낭은 회고록을 쓰기 시작하고 우선 적십자 설립 경과를 정확하게 밝혀보고자 했습니다. 그런데 존더레거의 집에서 적십자에 대한 대화를 나누다가, 하이덴에 적십자를 설립하자는 얘기가 나왔습니다. 뒤낭은 하이덴에 적십자를 설립하는 데 직접 참여하며 정관 등을 구상하는 것을 몹시 즐거워했고, 마침내 1890년 2월 27일 하이덴 적십자회가 설립되었습니다.

1890년 호텔 파라디스의 주인은 하이덴의 호텔을 정리하고, 가까운 이웃 마을 트로겐Trogen의 린덴뷜Lindenbuehl로 이사를 했습니다. 뒤낭은 그가 연 새롭고 작은 호텔로 거처를 옮겼지만 그곳에 정을 못 붙이고 아주 외로워했습니다. 그곳에서 겨울 내내 뒤낭은 『솔페리노의 회상』 7판의 수정 작업에 몰두하는 것 외에 할 일이 없었습니다. 매일 매일 뒤낭은 자신의 원고를 존더레거에게 독일어로 번역해달라고 보냈습니다.

너무나도 외롭고 한적한 환경 때문에 뒤낭이 우울해하는 것을 눈치챈 알트헤어 박사와 존더레거 선생은 그를 다시 하이덴으로 데려오려고 애를 썼습니다. 결국 1892년 하이덴 지역 병원의 담당의사이기도 했던 알트헤어 박사의 주선으로, 뒤낭은 하루에 3프랑씩 지불하는 조건으로 병원 2층에 방 하나를 얻게 되었습니다. 알트헤어 박사는 뒤낭이 한 달에 100프랑이라는 돈으로 간신히 살아가고 있는 연금생활자라는 사실을 잘 알고

뒤낭이 죽을 때까지 머물렀던 알트헤어 박사의 병원은, 이후 앙리 뒤낭 박물관이 되었다.

있었습니다. 뒤낭에게 큰 힘이 되어주었던 후원자 레오니 카스트너 부인 또한 이미 4년 전에 세상을 떠났기에, 뒤낭은 대부로부터 물려받은 월 100프랑의 연금으로만 삶을 꾸려나가야 했습니다.

교양 있고 여유로운 가문 출신이었던 뒤낭은, 경제적 여유가 없어 자신의 체면과 관심사에 맞는 지적인 활동에 몰두할 수 없는 처지를 몹시 비참하게 여겼던 것으로 보입니다. 뒤낭이 우울증에 시달리고, 종종 격분하기까지 했다는 것은 결코 놀라운 일이 아니었습니다. 뒤낭은 그 울분을 글로써 토해냈습니다. 알제리에서 자신을 압박한 프랑스 식민청 관리들을 비난했고, 제네바에서 자신을 몰아낸 한때의 동료들을 질투와 시기심 섞인 표현으로 원망하기도 했습니다. 기독교 국가들과 교회가 나서서 전쟁을 일으키고 죽은 사람들을 내팽개친다고 꾸짖기도 했습니다.

뒤낭과 교류를 계속하던 존더레거가는 뒤낭이 머무는 병원에서 300걸음 정도 떨어진 위치에 있었습니다. 존더레거의 아이들은 아버지가 번역한 원고를 뒤낭에게 가져가는 일을 했습니다. 뒤낭도 존더레거를 좋아했기에 종종 다 쓴 원고를 들고 자주 그의 집을 방문하고는 했습니다. 그런데 1892년 가을 어느 날 알 수 없는 원인으로 원고 한 장이 사라졌습니다. 이를 발견한 뒤낭은 존데레거가 의도적으로 원고지 한 장을 숨겼거나 없앴다고 믿었습니다.

남편은 없어진 종이는 집에 없으면 뒤낭 씨한테 있을 것이니 찾아보라고 했다. 뒤낭은 친구가 적들과 내통하고 자신을 배신했다고 착각하여 극도로 흥분했다. 그 시간부터 서류를 찾아본다거나 여하한 해명을 들으려 하지 않고 관계를 끊었다.

존더레거 부인은 이와 같이 회고록에 남겼는데, 그녀는 뒤낭이 정신적으로 병들었다고까지 생각했습니다. 그때까지 4년 동안 뒤낭이 불어로 쓴 글을 모두 독일어로 번역해주며 교류했던 존더레거 선생과의 모든 관계가 끊어졌습니다. 다시 정신적으로 안정을 잃은 뒤낭의 모습은 불신에 가득 찬 노인, 인생의 실패자의 모습 그 이상도 이하도 아니었습니다. 그는 점점 움츠러들어 집 밖을 거의 나가지 않았습니다. 1893년 8월 1일 이후로는 아예 병실 방에서 나오지도 않고 외출도 하지 않게 되었습니다. 1901년 9월 13일 뒤낭의 편지에서는 "나는 8년 1개월 13일 동안 문밖에를 나가지 않았고 병원 아래층조차 내려가지 않았다"라고 밝히고 있습니다. 뒤낭과 외부와의 연결고리는 오직 편지뿐이었습니다. 누군가 자신을 감시한다고 생각했던 그는 편지를 부칠 때도 늘 봉인을 찍어 만전을 기했고, 뮐러에게 보내는 편지의 첫 머리에는 매번 '개인적인 것, 읽은 후 소각'이라는 메모를 남겼습니다. 뮐러는 "나에게 답장을 보낼 때 다섯 번 단단하게 봉인해주면 고맙겠소. 바그너 양의 편지는 등기우편이 아니고 봉인이 잘못되었기 때문에

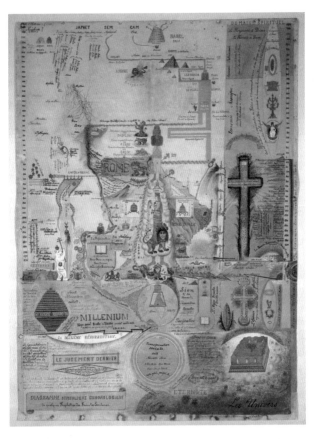

| 뒤낭은 은둔해 있는 동안 자신의 세계관을 정립하고 미래를 예측하는 데 몰두했다.

열려진 채 전해 받았소"
라는 내용의 편지를 받기
도 했습니다.

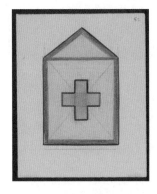

뒤낭이 국제여성동맹의 조직을 고안
하면서 그린 녹십자 도안

그럼에도 뒤낭은 또
다른 사회 이슈에 매달리
기도 했습니다. 일찍부
터 뒤낭은 여성들이 남자
들과 사회에서 항상 봉사
하는 역할만 한다고 보았
습니다. 뒤낭은 『가족의 보호와 여성권리를 위한 동맹』
이란 소책자를 쓰고 1893년 이미 남녀의 동일임금을 요
구했습니다. 부모가 자녀들의 양육에 공동으로 책임을
져야 한다고 주장했으며, 경제적으로 힘든 여성을 지원
하기 위한 연대 기금을 설립할 것을 제안하기도 했습니
다. 1893년 취리히에 본부를 둔 국제여성동맹(녹십자)
이라는 기구를 조직하려 하고, 초안을 자세히 만들기도
했으며, 1896년에는 녹십자의 제1차 회의를 준비했지
만 성사되지는 않았습니다.

다시 찾은 명예

그러던 어느 날, 1895년 5월 취리히에서 발행되는 한 주간지에 앙리 뒤낭의 존재를 내비치는 기사가 실렸습니다. 독일의 잡지 《땅과 바다를 건너^{Über Land und Meer}》의 발행인은 장크트갈렌^{St. Gallen}의 기자, 바움베르거^{Georg Baumberger}에게 뒤낭을 찾아보고 그의 근황에 대해 기사를 쓰도록 주문했습니다. 사람 만나는 것을 극도로 꺼리던 뒤낭은 처음에는 망설였지만, 곧 마음을 열고 바움베르거와 거의 6시간에 걸친 대화를 나누었습니다. 이때 바움베르거는 3년 동안 뒤낭의 방에 들어갈 수 있었던 단세 명 중 한 명이었습니다. 40세의 바움베르거는 뒤낭에게서 깊은 인상을 받았습니다.

곧 70세가 되는 이 남자는 점잖은 표정이고 얼굴의 연약한 피부는 약간 성스러운 색깔이었고 은빛 머리와 수염을 가진 노인의 손을 잡고 키스를 하고 싶은 경외심을 품게 했고 온몸에서 품위가 느껴지는 신사의 모습이었다. (...) 높낮이가 있는 부드러운, 약간 높은 음성은 카랑카랑했고 불타는 눈빛은 선해 보였으며 코끝의 주름은 강인한 의지를 보여주고 있어, 이 사람은 세계적인 사명을 이룩했음을 말하고 있는 듯했다.

–Yvonne Steiner, 『Herny Dunant: Biographie』

8월 12일에는 사진기자 리트만Otto Rietmamm이 하이덴으로 찾아왔습니다. 바움베르거는 뒤낭의 최근 모습을 싣고자 했습니다. 리트만은 수염이 난 뒤낭이 갈색 가운을 입고 작은 벨벳 모자를 쓴 여러 장의 사진을 찍었습니다. 갈색 가운은 밀러의 부인 엠마의 선물이었습니다. 당시 뒤낭은 시골마을인 하이덴에서 구하기 힘든 물건들을 밀러 가족에게 부탁하곤 했습니다. 특히 음식에 까다로웠던 뒤낭은 슈투트가르트에서 아침에 먹었던 빵Brötchen을 마음에 들어 해, 매일 보내주기를 원했습니다. 덕분에 밀러의 심부름으로 매일 우체국을 오갔던

Über Land und Meer.

No 49.

74. Band.

Siebenunddreißigster Jahrgang.

Erscheint jeden Sonntag.

Deutsche Illustrirte Zeitung.

Preis vierteljährlich 3 Mark.

Ernst Schubert in Stuttgart.

Henri Dunant,

der Begründer des „Roten Kreuzes".

Es war am 7. August dieses Jahres, als ich nach dem lieblichen Kurort Heiden im schweizerischen Kanton Appenzell fuhr. Es galt, einem Manne einen Besuch abzustatten, der — heute ein halb Verschollener und Vergessener — ein Werk schuf, das, selbst unsterblich, auch seinem Schöpfer den Weihekuß der Unsterblichkeit auf die Stirn drückte: Henri Dunant. Der Weg zu ihm führte nicht in eines der zahlreichen [illegible] Hotels oder in eine der zierlichen Villen, die von behaglichem Menschendasein erzählen, sondern in das einfache Bezirkskrankenhaus, wo Dunant seit Jahren weniger als Patient, denn als Pfründner zu drei Franken Pensionspreis per Tag lebt. Eine Diakonissin führt mich in das Zimmer Nummer zwölf, der Wohnstätte des edlen Mannes. Es ist ein reinliches, lichthelles Zimmerchen mit zwei Fenstern. Ein Bett, ein Stehpult, zwischen beide eingekeilt ein Sofa mit verblaßtem Ueberzuge, und ein Schrank, zwei Stühle und ein Tisch bilden das ganze Mobiliar. Die Wände mit dem kalten Gipsanstrich muten eisig an. Kein Bild schmückt sie und kein liebendes Zeichen. Vorn über dem Tische hängt ein kleines Spiegelchen, wie man sie in Dienstbotenkammern findet, neben dem Bette ein Thermometer und an der Thür die „Hausordnung". Nun muß ich hier gleich beifügen, daß diese Aermlichkeit nicht eine stumme Sprache des Vorwurfs an die Adresse der Anstaltsleitung führt. „Herr Doktor Altherr, der Anstaltsarzt, und die Diakonissinnen sind von den wenigen Freunden, die mir geblieben sind, die besten," sagte mir Herr Dunant. Er selbst begrüßte den Besucher auf das liebenswürdigste. Es ist eine prächtige Figur, dieser bald siebenzigjährige Herr, mit dem edlen, ausdrucksvollen Kopfe, dem zart inkarnirten Teint, der etwas Verklärtes im Farbenton hat, mit den silberweißen Haaren und dem silberweißen Barte. Die ganze Erscheinung hat etwas patriarchalisch Ehrwürdiges und doch wieder etwas Kavaliermäßiges in jeder Linie, in jeder Bewegung. Selbst im einfachen, braunen Schlafrocke, aus dem Manchetten in tadelloser Weiße hervorgucken, im schlichten Hauskäppchen, verleugnet sich des Mannes vornehme Abkunft und vornehmes Wesen nicht. Diese Eindrücke verstärken sich, je länger man mit Herrn Dunant spricht. Er redet das Französisch der großen Welt; jeder Ausdruck ist gewählt, wo es paßt, fein und geistvoll pointirt, bald nimmt die Unterhaltung die Form liebenswürdiger Causerie an, bald einen hohen Geistesschwung und -flug, das letztere jedesmal, wenn er auf die Schöpfungen und ihren Ausbau zu reden kommt, denen er Leben und Vermögen opferte. Die modulationsfähige, weiche, etwas hochliegende Stimme nimmt dann eine sonore, wuchtige Klangfarbe an, der Blick, der sonst lauter Güte zu strahlen scheint, leuchtet in machtvollem Funkeln auf und an den Nasenwurzeln zeigen sich jene Falten, die eine eiserne Energie verraten, und man begreift, daß dieser Mann eine Weltmission zu erfüllen im stande war. Und dabei ist er von kindlicher Bescheidenheit, von jener durchgeistigten Bescheidenheit, die das eigene Ich vor einer großen Lebensaufgabe und der Ergebenheit an sie vergißt.

Wer ist Henri Dunant? Nun, zum Teil habe ich es schon verraten. Er ist der Schöpfer jenes gewaltigen völkerrechtlichen Vertrages, der unter

Henri Dunant.

147

〈땅과 바다를 건너〉 전면에 실린 뒤낭의 기사

밀러의 딸은 훗날 이를 회상하며 불평을 털어놓기도 했지요. 아무튼 그렇게 엠마에게서 받은 가운을 입은 자신의 사진이, 퍽이나 뒤낭의 마음에 들었던 모양입니다. 그는 주위 사람들에게 리트만이 찍은 사진들을 나누어주었습니다.

그리고 1895년 9월 6일 자《땅과 바다를 건너》전면에 뒤낭의 사진과 함께 기사가 실렸습니다. 이 기사는 스위스와 전 유럽에 큰 반향을 일으켰습니다. 제네바에서 오래전에 죽었다고들 말하는 뒤낭이 아직 살아 있다니!

두개의 창문이 있는 깨끗하고 빛이 잘 드는 작은 방이었다. 그러나 맙소사! 초라한, 터무니없이 초라해 보였다. 침대 하나, 서서 작업하는 비스듬한 책상, 그 사이에 실제로 고정된 색 바랜 커버가 덮힌 소파 하나, 옷장 하나, 의자 두 개, 책상 하나와 침대 옆 탁자 하나가 가구의 전부였다. 석고가 칠해진 벽은 차가운 느낌을 불러일으켰다. 그림 한 장 걸려 있지 않았고 재밌을 만한 것도 아무것도 없었다. 책상 위에는 식모의 방에나 있을법한 작은 거울 하나가 걸려 있었고, 침대 옆에는 온도계 하나와 문 옆에는 '거주자 주의사항'이 놓여 있었다. 방 장식이라고 굳이 찾자면 그게 전부였다.

　-Yvonne Steiner, 『Herny Dunant: Biographie』

　적십자 설립자가 맞이한 비참한 노년은 사람들의 마음을 움직이기에 부족함이 없었습니다. 세계 각지에서 안부의 말이 쏟아졌고 뒤낭을 위해 모금을 하겠다고 나섰습니다. 1897년에는 러시아 적십자 회장인 표도로브나Maria Fjodorowna(1847~1928) 황후가 하이덴의 뒤낭을 방문해서 4,000프랑의 연금을 약속하기도 했습니다. 뒤낭은 이제 완전히 명예가 회복되었고 경제적 어려움도 해소할 수 있게 되었습니다. 이 뜨거운 반응에 응답하듯, 바움베르거는 1895년 9월 10일부터 20일에 걸쳐 10차례의 특집기사를 실었습니다.

　이때를 즈음하여 뒤낭은, 그간 울름에서 고등학부 교수가 된 뮐러와 자주 안부 편지를 교환하고 있었습니다. 뮐러는 어느 날 적십자 역사에 대한 책을 내자는 뒤낭의 제안을 받았습니다. 뒤낭은 이미 2년 전부터 적십자 역사에 대한 주제로 자료를 모으고 있었고, 이를 뮐러에게 넘겼습니다.

1892년 6월 3일 자 편지에 뒤낭은 "당신을 만나게 된 것은 내게 큰 영광이오. 불행한 나에게 그것은 가장 큰 기쁨일 것이오"라고 썼습니다. 뮐러는 불어로 쓴 뒤낭의 원고를 독일어로 번역하고 편집하면서 광범위하게 보완했습니다. 이 과정에서 녹십자부인회Damen des grünen Kreuzes라는 사회적으로 영향력 있는 국제적 여성단체에 대한 구상 또한 알려졌습니다.

마침내 1897년, 4년간의 공동작업 끝에 슈투트가르트『적십자 탄생의 역사와 제네바 협정Die Entstehungsgeschichte des Roten Kreuzes und der Genfer Konvention』이 출간되었습니다. 455 페이지에 달하는 이 책은 오늘날까지도 그 권위를 인정받고 있습니다. 2,000부의 책을 제작하는 데 든 비용과 전 유럽의 유명인사들에게 보내는 송달 비용은 "뒤낭 씨의 처지를 도와주고, 그의 정신을 계속 이어나갈 수 있도록 한다"라는 취지로 만들어진 슈투트가르트뒤낭 재단Stuttgarter Dunant-Stiftung에서 모두 지불했습니다.

1895년 바움베르거의 방문이 있었던 해에 뒤낭은 두 번째 중요한 방문객을 맞이했습니다. 오스트리아 출신의 열렬한 반전운동가인 베르타 폰 주트너Bertha von Suttner(1843~1914) 남작부인입니다. 그녀는 뒤낭을 오래

뮐러와 뒤낭이 협업해 출간한 『적십자 탄생의 역사와 제네바 협정』

전에 방문한 적도 있었습니다. 주트너 남작부인은 자신이 발행하는 월간지 《무기를 내려놓으라!Die Waffen nieder!》에 적십자 설립자 앙리 뒤낭이 참여해주기를 바랐고, 이듬해 주트너는 군국주의를 강렬하게 비난하는 뒤낭의 두 개의 글을 받아 실었습니다. 하이덴의 은둔자 뒤낭은 군국주의의 팽배와 군비의 확장이라고 하는 민감한 이슈에서 눈을 돌리지 않았습니다.

베르타 폰 주트너 남작부인도 뮐러와 뒤낭이 쓴 『적십자 탄생의 역사와 제네바 협정』의 초판본을 받은 사람 중 한 명이었습니다. 주트너 부인은 뮐러에게 책에 대한 감사인사를 표하며 "뒤낭이 전 인류를 위한 일을 한 것에 경의를 표하며 이를 보상할 수 있는" 무엇인가가 필요하지 않겠냐는 물음을 남겼습니다. 여기서 주트너 남작부인이 생각한 것은 물론 노벨 평화상이었습니다. 평화 운동가였던 주트너 남작부인은 알프레드 노벨Alfred Nobel의 비서로 잠시 일한 적이 있었고, 1896년 12월 10일 노벨이 사망할 때까지도 계속 교류한 사람이었습니다. 아마 노벨상의 분야에 '평화'가 포함된 것에는 주트너 남작부인의 존재가 영향을 미쳤을 것이라고 보입니다.

은밀하게 1901년 첫 번째 노벨 평화상 후보자 명단에 뒤낭을 넣기 위한 청원이 있었습니다. 뮐러 외에도 노르웨이의 군의무감 한스 다에Hans Daae 박사도 뒤낭을 강력히 추천했습니다. 이들 간에 공동의 목표를 위해 협력하려는 편지가 빈번하게 오고 갔습니다. 뮐

이후 여성 최초로 노벨 평화상을 수상하게 되는 베르타 폰 주트너 남작부인

러는 스위스에서도 뒤낭이 지지받을 수 있도록 애썼습니다. 여러 곳에서 뒤낭과 적십자사에 대한 강연을 하곤 했던 베른의 야르디^{Jardy} 목사도 뒤낭이 노벨 평화상을 받도록 노력하자는 서신을 보냈습니다. 1898년 뮐러는 오슬로 노벨 평화상 위원회 회원이자 시인인 비에른 스티에르네 비에른손^{Bjørnstjerne Bjørnson}에게 편지를 썼지만 회답은 돌아오지 않았습니다.

하지만 뮐러는 포기하지 않았습니다. "오늘날 누구보다도 인류를 단결시키기 위해 애쓴 사람으로서, 뒤낭이 첫 번째 노벨 평화상을 받는 것은 당연하다"라며 뒤낭의 업적을 절절하게 밝힌 19장에 달하는 장문의 편지를 보냈습니다. 『적십자 탄생의 역사와 제네바 협정』 또한 동봉했습니다. 뮐러는 뒤낭이 평화와 사회 정의를 위해 전력을 다한 책들과 프로젝트들을 열거했고 최근의 업적을 적으며 추천사를 다음과 같이 끝냈습니다.

나는 앞서 상세하게 언급한 사실들에 근거하여 뒤낭이 누구보다도 훨씬 많이 평화를 위해 일을 했음을 확신하고 있고, 그가 인정받기를 바라 마지않습니다. 개인적인 행동, 협회, 기구에 매년마다 분배해서 보상하기 전에 전 생애를 평화사업에 몸 바치고 평화사상이 확실한 사람에게 우선적으로 보답해주어야 한다는 것이 분명히 노벨의 의도였을 것입니다. 뒤낭이 인류의 단결과 평화를 공고히 하기 위해서 가장 올바른 방법에 매진하였음을 이해하시리라고 확신합니다. 뒤낭은 73세가 되어가는 고령입니다. 궁핍과 고생으로 육체적으로 허물어져 있는 그에게, '1년만 더 기다리'라고 한다는 것은 이런 상황에서 앞일을 장담할 수 없는 일입니다.

　-Hans Amann, 『Rudolf Müller』

　당시 노벨 평화상 후보자들은 13명이었고 그중에는 뒤낭 이외에 『전쟁과 평화Война и мир』를 쓴 러시아의 문호 톨스토이граф Лев Николаевич Толстой, 프랑스의 평화운동가 파시 등이 포함되어 있었습니다. 파시는 주트너 남작부인과 비에른손으로부터 강력한 지지를 받고 있었습니다. 비에른손 부인은 뒤낭의 업적이 크고, 상을 받을 자격이 충분하다며 공동 수상으로 하자는 의견을 내었습니다. 뮐러의 노력으로 노르웨이에서 분명한 변화가 일어났습니다. 1899년 4월 뮐러는 하이덴에 "노르웨이에서 당신을 위한 일이 잘되고 있다"라는 내용의 편지를 보냈습니다. 그리고 1900년 12월 10일, 노벨의 사망일에 뒤낭은 다음과 같은 전보를 받았습니다.

> 노르웨이 노벨 위원회는 1901년 노벨 평화상을 파시와 앙리 뒤낭 두 사람에게 수여하기로 한 사실을 당신에게 전할 수 있어 영광입니다.
> −Hans Amann, 『Henry Dunant』

두 사람에게는 노벨상 증서와 함께 알프레드 노벨의 얼굴이 새겨진 메달과 7만 5,391크로넨(약 10만 4,000프랑)이 수여되었습니다. 이 수상 소식이 전 세계에 알려지면서 뒤낭의 명예는 더할 나위 없이 완전하게 회복되었습니다. 더욱이 함께 노벨 평화상을 수상한 파시는, 과거 뒤낭과 함께 '세계 질서 문명을 위한 연합'이라고 하는 기구를 설립하기 위해서 애썼던 동지이기도 했습니다.

작은 마을 하이덴의 우체국은 뒤낭에게 쏟아지는 축하 서신으로 마비가 될 지경이었습니다. 1867년 므와니에가 회장이었을 때 설립자인 뒤낭을 제명했던 제네바 적십자사 또한 성명을 남겨 뒤낭의 명예를 회복해주었

습니다.

당신은 40년 전에 전상자의 구휼을 위한 국제기구를

창설하였으므로 당신 이상으로 이 영예를 받을 자격이 있는 이는 없습니다. 당신이 아니었더라면 19세기에 있어 인도주의의 최고 성취인 적십자는 절대로 이룩될 수 없었을지 모르는 것입니다.

　　-Hans Amann, 『Aus dem Dunkel ans Licht』

　명예와 함께, 뒤낭에게 거액의 상금이 주어졌지만 뒤낭은 이 행운을 허투루 낭비하지 않았습니다. 단지 자료와 각종 서류들을 보관하기 위해서 방 하나를 더 얻었을 뿐, 검소한 생활을 이어나갔습니다. 노벨 평화상을 수상한 이후로도 그의 주변에서는 조용한 시간이 이어졌습니다. 여전히 거의 외출도 하지 않은 채, 사람들과의 만남을 피했습니다. 1892년부터 뒤낭을 돌보았던 볼리거Elise Bolliger(1838~1912) 수녀는 독살을 두려워하는 뒤낭을 위해 요리사로 근무하는 조카딸 루브리Emil Rubli 와 함께 뒤낭이 보는 데서 고기가 거의 없는 음식을 요리했고 뒤낭은 모든 음식의 냄새를 맡아보고 안전하다는 생각이 들 때만 식사를 했습니다. 뒤낭은 볼리거에게 말 건네는 것도 싫어해서 자신이 원하는 것을 쪽지에 적어 주고는 읽고 태우라고도 했습니다. 주치의인

| 뒤낭이 죽을 때까지 검소한 생활을 이어간 방

알트헤어 박사와도 오직 글로만 교류했습니다. 어느 날
러시아의 표도로브나 황후가 찾아왔을 때, 그녀가 연금
을 기부해준 것에 감사하여 유일하게 방 안으로 들였을
뿐입니다.

뮐러 박사 이외에 그가 교류하는 사람은 단 한 사
람뿐이었습니다. 볼프할덴^{Wolfhalden}이라는 작은 마
을의 간이 우체국의 국장이었던 스툴제네거^{Catharina}
^{Sturzenegger}(1854~1929)라는 여인이었습니다. 하이덴 우체
국 직원들을 믿을 수 없었던 뒤낭은, 왕복에 거의 1시
간이나 걸리는 그 우체국을 이용하곤 했는데, 그러다가

만난 사람이었습니다.

평화운동에 많은 관심을 가지고 있었던 스툴제네거는 다리 수술을 위해 뒤낭이 머물던 병원에 오랫동안 입원을 하게 되었고, 이를 계기로 뒤낭과 평화 문제를 토론하게 됐습니다. 1899년 우체국을 그만두고 베른에서 인쇄소를 운영하고 있던 그녀는 1904년 2월 뒤낭을 방문하였습니다. 그때 러일전쟁이 일어났다는 얘기가 두 사람 사이에서 나왔습니다. 뒤낭이 "스위스인들 중에 일본으로 가서 적십자정신을 전파할 사람이 한 사람도 없단 말인가?"라고 한탄하자, 그녀는 즉시 "당신이 바란다면 나에게는 명령입니다. 당신이 나에게 전권을 준다면 기꺼이 내가 가겠습니다"라고 답했습니다. 일본어는 고사하고 영어조차 하지 못했던 스툴제네거는 오로지 용기와 의지만을 가지고 일본으로 향해, 일본 최초의 적십자 대표로 4년간 활동을 했습니다. 그러고는 1908년에 귀국하여 뒤낭을 찾아, 일본에서의 활동 경험을 설명했습니다. 그녀는 31페이지에 달하는 뒤낭의 전기를 최초로 남긴 사람이기도 합니다.

1903년 8월 8일에는 또 하나의 기쁜 소식이 들려왔습니다. 독일 하이델베르크 대학 의학부에서, 설립 100

1869년, 힘든 시기에 뒤낭이 므와니에에게 보낸 편지. 하지만 므와니에는 그 시기의 뒤낭을 철저히 외면했다.

주년을 기념하여 뒤낭과 므와니에에게 명예 박사 학위를 수여하기로 한 것입니다. 적십자와 세계 평화에 대한 노력과 성과를 인정받은 것입니다. 그러나 므와니에와의 오랜 골 때문에 그를 만나기를 꺼린 뒤낭은 학위수여식에 참석하지 않았습니다.

1908년 5월 8일 80세 생일을 맞이한 뒤낭은 몹시 기분이 좋았습니다. 제네바에서는 두 명의 조카들이 찾아왔고, 스웨덴에서는 팔에 적십자 표장이 새겨진 하얀 플란넬 가운을 받았습니다. 뒤낭의 『솔페리노의 회상』에 나오는 '백의의 신사'를 연상케 하는 멋진 선물이었습니다. 뒤낭 사후 이 가운은 조카가 가지고 있다가 갈색으로 염색해서 현재 하이덴 뒤낭 박물관에서 보관하고 있습니다.

뮐러 또한 기념 메달을 보내 뒤낭의 80세 생일을 축하했습니다. 한 면에는 뒤낭의 흉상이, 다른 한 면에는 라틴어로 "Johannes Henricus Dunant, Fundator operis crucis rubrae 1863, Promotor conventionis genevensis 1864(1863년 적십자 설립자, 1864년 제네바 협정 발기인 장 앙리 뒤낭)"라는 문장이 새겨졌습니다. 뒤낭이 이것을 받아들고 몹시 기뻐했던 것은 물론입니다. 그 외에도 많은 축하를 받았으며, 하이덴의 지역 신문에는 뒤낭의 사진과 함께 그의 생애를 소개하는 기사가 실렸습니다.

1863년 앙리 뒤낭이 뿌린 씨앗이 한 이상주의자의 사

랑과 인내와 희생으로 돌보아져서 오늘날 당당한 나무
로 자라 많은 나라의 수천만 불쌍한 부상자들의 축복이
되어 여러 나라의 말로 칭송을 받게 되었다.

　-Yvonne Steiner, 『Herny Dunant: Biographie』

　하이덴에 처음 발을 디뎠을 때는 상상할 수조차 없었
던 행복이었습니다. 그러나 그렇게 기쁨에 차오른 정신
과 반대로, 몸은 더욱 쇠약해지고 있었습니다. 오른손
은 류머티즘으로 인해 글을 거의 쓸 수 없었고, 다리는
부어올랐으며 목은 말하기 힘들 정도로 아파 왔습니다.
축하를 보낸 많은 사람들에게 일일이 답장을 보낼 수
도 없어 신문을 통해 감사의 말을 정해야 할 정도였습
니다.

　뒤낭은 점점 쇠약해져만 갔고, 활기를 잃고 있었습니
다. 스스로도 죽음을 예감한 모양인지, 1908년 10월 29
일에는 "내가 죽으면 아무런 의식도 없이 시신을 취리
히에서 화장해주기 바란다"라고 적어놓기도 했습니다.
이제는 기력이 쇠하여 새로운 사회적 활동을 찾아 나설
힘도 없었습니다. 그는 하루의 대부분을 팔걸이가 있는
붉은 의자에서 보냈으며, 사람들과의 교제를 피하고 병

원에 틀어박혀 있었습니다.

1910년 7월 27일 뒤낭은 유서를 작성했습니다. 자신을 도와주었던 많은 사람들에게 약간의 돈을 남긴다며 뮐러에게 1,000프랑, 다에 박사에게 1,000프랑, 18년 간 자신을 간호하고 돌봐준 볼리거에게 4,000프랑, 요리사 루브리에게 2,000프랑, 자신이 살았던 병원에 무료병상 기금으로 1만 3,000프랑 등을 남겼습니다. 노벨평화상 상금을 포함한 나머지 재산은 스위스와 노르웨이의 자선단체에 절반씩 기부해달라고 요청했습니다.

쇠약해진 육신을 간신히 붙들고 있었지만, 알트헤어 박사는 뒤낭이 "아, 죽는 게 왜 이리 힘이 드는가!"라고 속삭인 말을 들었다고 합니다. 1910년 10월 30일, 밤 10시 5분. 뒤낭은 볼리거 수녀와 요리사 루브리가 지켜보는 가운데 평화롭게 영면에 들었습니다. 마지막 순간까지 그의 의식은 또렷했습니다. 주치의였던 알트헤어 박사는 '노쇠'라는 말과 함께 그의 사망진단을 내렸습니다.

뒤낭의 방에 가득 찬 책과 원고, 다양한 자료와 서류들은 제네바로 보내졌습니다. 무려 상자 17개에 달하는 분량이었습니다. 하이덴 적십자사의 부인들이 그의 관을 장식했고, 취리히로 옮겨진 시신은 뒤낭의 바람대로 화장되었습니다. 많은 추모객들의 행렬이 이어졌으며, 남은 재는 알트헤어 박사와 뮐러 교수 등 지인들이 지켜보는 가운데 취리히 지흘펠트Sihlfeld 묘지 1174호실에 안치되었습니다.

같은 해인 1910년 뒤낭이 매우 존경했던 나이팅게일Florence Nighingale(1820~1910)과 레프 톨스토이도 세상을 떠났습니다. 뒤낭이 죽기 바로 두 달 전, 국제적십자위원회의 초대의장이었던 귀스타브 므와니에도 영면에 들었지요. 한때 동지였으나, 오랜 기간 원수가 되었던 그를, 뒤낭은 용서했습니다. 제 한 몸 건사하기도 힘들 정도로 어려운 처지 속에서도 뒤낭은 인류애를 잃지 않았습니다. 그가 떨리는 손으로 하이덴에서 마지막으로 남긴 글은 누군가에 대한 원망도, 신세에 대한 한탄도

| 취리히 지흘펠트에 마련된 뒤낭의 묘소

아니었습니다. 마지막 메모에, 그는 〈피비린내 나는 미래〉와 〈우리가 그토록 찬양하는 문명의 야만성〉이라는 제목을 붙였습니다. 전쟁이 계속되는 미래와 그 미래를 회피하기 위한 방안을 예언자적인 시야로 서술하였습니다. 뒤낭은 문명의 진보가 새로운 무기를 낳는 것을 신랄하게 비판하였습니다. 그는 어디까지나 인류의 미래를 걱정하는 한 사람의 거인이었습니다.

세월이 흘러 1931년 5월 9일 뒤낭 탄생 103주년에 취리히 지흘펠트 묘지에는 적십자 설립자를 위한 조형물이 세워졌습니다. 죽어가는 병사에게 무릎을 꿇고 앉아서 그에게 물을 먹여주는 사람을 새긴 조각 아래에는 다음과 같은 문구가 새겨져 있습니다.

장 앙리 뒤낭 1828년 탄생 1910년 서거, 적십자의 설립자.

뒤낭과 그의 시대

	앙리 뒤낭의 생애	시대적 배경
1827년	장 자크 뒤낭과 안나 앙투아네트 뒤낭 콜라동 결혼	
1828년	앙리 뒤낭 출생(5월 8일, 제네바)	
1829년	여동생 소피-안느^{Sophie-Anne} 출생	가톨릭 해방령, 영국 의회에서 통과
1830년		프랑스 왕국, 알제리를 침공
1831년	남동생 다니엘^{Daniel} 출생	찰스 다윈, 비글호와 함께 여정을 시작
1832년		프랑스 파리, 7월 왕정에 반대하는 봉기 발발
1833년	여동생 마리^{Marie} 출생	최초로 전보가 전송에 성공
1834년		영국, 사회보장제도의 시초인 구빈법^{Poor Law} 발효
1837년		영국 여왕 빅토리아^{Victoria} 즉위
1841년		미국 대법원, 아미스타드 사건에서 노예들의 자유를 선언
1842년	제네바 아카데미 4학년 중퇴	알프스를 넘는 고타르^{Gotthard} 고개에 최초의 승합 우편마차 운행

	앙리 뒤낭의 생애	시대적 배경
1843년	가정에서 개인교습으로 학업을 계속하다	프랑스, 알제리 동부까지 점령
1845년		전 유럽에 철도 건설 열풍 확산
1846년	제네 시 자선단체회원이 되어 빈민 지역과 죄수들 방문	교황 비오[Pius] 9세, 이탈리아 국가연합 결성 지휘
1847년	목요 기도회 모임시작	뒤푸르 장군, 스위스 내전 진압
	기독교 연맹의 총무로 서신교환 담당	이탈리아 독립운동 시작
		영국, 공장노동 10시간 근무제 도입
1848년		스위스 연방국가 성립
		카를 마르크스, <공산당선언> 발표
		루이 나폴레옹, 프랑스 최초 대통령으로 선출
		슐레스비히-홀스타인 문제로 독일-덴마크 전쟁 발발
		오스트리아 황제 프란츠 요제프 1세 즉위
1849년	은행 업무를 배우기 시작	사르데냐 국왕 비토리오 에마누엘레 2세 즉위
1851년	제네바 복음교회 연맹회원으로 총무 역할 수행	루이 나폴레옹, 쿠데타
		빅토르 위고[Victor Hugo] 국외추방
1852년		루이 나폴레옹, 프랑스 제2제정 황제로 즉위
1853년	은행에서 식민지 건설 의뢰를 받고 알제리 여행	크림전쟁 발발
	스토 부인과의 만남	
1854년	2차 알제리 여행-제분소 허가를 획득	
1855년	3차 알제리 여행	러시아 황제 알렉산더[Alexander] 2세 즉위
	제분소를 위한 임시 면허 획득	파리 만국박람회 개최
	제네바 대표로 파리 세계기독교청년회 참석	

	앙리 뒤낭의 생애	시대적 배경
1856년	몽-제밀라 제분소를 위한 최종 면허 획득	
	4차 알제리 여행	
	튀니지 여행	
1857년	『튀니지 섭정에 관한 보고』 출간	
1858년	몽-제밀라 제분소, 주식회사로 전환	
1859년	5차 알제리 여행	이탈리아 북부에서 프랑스-사르데냐 연합군과 오스트리아 간 전쟁 발발 : 솔페리노 전투
	몽-제밀라 제분소 증자	나폴레옹 3세-프란츠 요제프 1세 평화조약 체결
	프랑스 국적 취득	수에즈 운하 건설 시작
	솔페리노 전투의 참상 목격	찰스 다윈, 『종의 기원』 출판
1860년	에마누엘레 2세로부터 공로장 수여	
1861년	『솔페리노의 회상』 저술 작업에 몰두	미국 남북전쟁 발발
		프로이센 황제 빌헬름 1세 즉위
		러시아 농노제 폐지법 통과
1862년	『솔페리노의 회상』 출간	나폴리의 의사 팔라스치아노, 부상병의 중립성 요구
	전 유럽의 저명인사들과 서신 교환	비스마르크Bismarck, 프로이센 수상으로 취임
	제네바 공익협회와 협업	링컨, 미국 남부의 모든 노예가 자유임을 선포
		빅토르 위고, 『레 미제라블Les miserables』 출간
1863년	5인 위원회 구성	
	『무슬림과 미국의 노예』 출간	
	6차 알제리 여행	
	베를린의 국제 통계학회 참석	
	제1차 제네바 국제회의	
	제네바 신용금고 설립	

앙리 뒤낭의 생애		시대적 배경
1864년	제네바 신용금고 이사로 선출	독일과 덴마크 사이에서 전쟁 발발
	제네바 적십자 설립 총회 개최	전쟁부상병 구호를 위한 프로이센 위원회 설립
	제2차 제네바 국제회의에서 제네바 협정 서명	벨기에 전쟁부상병 구호위원회 설립
		톨스토이, 『전쟁과 평화』 출간
1865년	나폴레옹 3세에게서 훈장 수여	미 의회, 노예제 폐지 후 흑인 시민권과 투표권 부여
	제1차 제네바 신용금고 총회	
	7차 알제리 여행: 나폴레옹 3세와의 담화	
1866년	제2차 제네바 신용금고 총회	프로이센과 오스트리아 사이에서 전쟁 발발
	팔레스타인 복구를 위한 규약과 안내서 집필	도스토옙스키, 『죄와 벌』 출간
	베를린에서 열린 프로이센의 승전 기념 연회에 참석	
	신용금고의 이사직에서 해임	
1867년	제네바 신용금고 파산	파리 만국박람회 개최
	몽-제밀라 제분회사 도산	비스마르크, 북독일 연방 초대 수상 취임
	제네바를 등지고 떠남	카를 마르크스, 『자본』 출간
	국제도서관 설립에 관여	알프레드 노벨, 다이너마이트 발명
	팔레스타인 위원회 설립	프레드리크 파시, '평화를위한동맹' 설립
	외제니 황후 접견	제네바위원회, 앙리 뒤낭의 제명을 결정
	제네바 국제위원회에서 제명	
1868년	모친 사망	
1869년		수에즈 운하 개통
		제네바위원회, 제2차 부상자구호단체 회의 개최

앙리 뒤낭의 생애		시대적 배경
1870년	보불전쟁 시기 공동구조협회 조직	나폴레옹 3세, 독일과의 전쟁에서 패배
		프랑스 제3공화정 선포
		로마, 이탈리아 왕국의 수도가 됨
		교황 비오 4세, 『교황의 무오류성』 반포
		블라디미르 레닌Владимир Ильич Ленин 출생
1871년	질서문명공동연합 설립	프로이센 왕 빌헬름 1세, 제위 선포로 독일 제국 탄생
		파리 코뮌
1872년	삼촌 다비드 뒤낭 사망	나폴레옹 3세 사망
	영국에 머물며 강연 활동	독일, 예수회를 금지
	레오니 카스트너 부인과의 만남	알프스 고타르 터널 철도 건설 시작
1873년	영국에서 전쟁포로와 국제재판소에 대한 강연	므와니에의 발기로 제네바 국제법연구소 설립
1874년	국제연맹위원회, 팔레스타인-시리아 위원회 설립	브뤼셀 회의에서 전쟁포로에 대해 논의
1875년	부친 사망	뒤푸르 장군 사망
		독일 사회주의노동자 정당 설립
1876년	시리아-팔레스타인 식민회사 설립	알렉산더 벨Alexander Bell, 전화 발명
1877년	슈튜트가르트의 바그너 목사의 교회에 기거	러시아와 터키 사이에서 전쟁 발발
	루돌프 뮐러와의 만남	
1878년	레오니 카스트너와 로마 여행	
	『예수회와 프랑스인Jesuites et Français』 저술	
1880년	식민지 건설에 반대	
1881년		프랑스, 튀니지를 점령

	앙리 뒤낭의 생애	시대적 배경
1882년	프레데릭 카스트너 사망	고타르 철도 개막식
1884년		스툴제네거, 볼프할덴 우체국장으로 부임
		제3차 국제적십자회의 개최
1885년	1887년까지 영국에 거주	
1886년		일본, 제네바 협정에 가입
1887년	하이덴으로 이주	다임러 벤츠, 최초의 자동차 개발
		제4차 국제적십자회의 개최
1888년	레오니 카스트너 사망	빌헬름 1세 사망으로 빌헬름 2세가 독일 황제로 즉위
1889년	존더레거 부부와의 만남	에펠탑 완성
1890년	하이덴에 적십자회 설립	비스마르크 사임
	트로겐으로 이사	
1892년	하이덴 요양소에 장기환자로 입원	제5차 국제적십자회의 개최
	적십자 회고록 집필 시작	
	빈터투어(WinterThur) 적십자회와 접촉	
	존더레거가와 결별	
1893년	녹십자부인회 발기	
1895년	《취리히 금요신문》, 뒤낭의 소식 보도	
	스위스 구급연합회의 명예회원으로 임명	
	주간지 《땅과 바다를 건너》에 기사 보도	
1896년	뮐러의 주도로 슈투트가르트에 뒤낭 재단 설립	
1897년	표도로브나 황후로부터 연금 지급	최초의 노벨상 수여
		제6차 국제적십자회의 개최
1899년	스툴제네거가 요양원에 입원하며 친분을 쌓음	헤이그에서 제1차 만국평화회의 개최
1900년		독일제국에서 시민법전의 효력 발생

	앙리 뒤낭의 생애	시대적 배경
1901년	제1회 노벨평화상 수상	시어도어 루즈벨트, 미국 대통령 취임
1902년		구스타브 므와니에, 『적십자 설립』 출간
		제7차 국제적십자회의 개최
1903년	하이델베르크 명예 박사 학위 수여	
1904년	스툴제네거, 뒤낭의 추천서를 가지고 일본으로 떠남	러일전쟁 발발
1905년		러시아 제1차 혁명 발발
1907년		헤이그에서 제2차 만국평화회의 개최
1910년	사망 후 취리히 지흘펠트 묘지에 안장	구스타브 므와니에 사망
		레프 톨스토이 사망

2부. 인류애는 우리 안에 있다

앙리 뒤낭이 뿌린 씨앗과
대한적십자사

성자처럼 살고 개처럼 죽다

앙리 뒤낭은 82년을 살다 갔습니다. 19세기의 사람으로서는 보기 드물게 장수한 삶입니다. 그런데 그 긴 생애 동안 그의 일생은 참으로 파란만장했습니다. 더욱 놀라운 것은 그토록 기복이 심하고 기구한 삶을 살았음에도 불구하고, 행복했던 유년기에서 영광스러웠던 청장년기, 박복했던 말년에 이르기까지의 전 생애에 걸쳐 한결같았던 인류애 정신입니다. 스스로도 충분히 외롭고 고통받는 말년을 보냈음에도 불구하고, 그의 유언에는 어린 시절부터 간직해온 인류애와 박애정신이 자리 잡고 있었습니다. 가난하고 굶주리는 이웃, 전쟁 부상자와 희생자들을 도와야 한다는 생각뿐이었습니다. 앙리 뒤낭의 생애는 종교개혁의 선구자였던 장 칼뱅의 개신교 개혁주의에 큰 영향을 받았습니다. 경건주의와 금욕주의를 지키면서 이웃을 구제하고, 기독교 사상에 기초한 행복 공동체를 지구상에 실현하고자 하는 의지와 고뇌로 가득 찬 일생이었던 것입니다.

23세에 스위스 제네바에서 YMCA를 창설하고, 25세에 파리기준을 선언하면서, 세계YMCA연맹 창설에까지 앞장설 수 있었던 것은 그의 그러한 종교적 신념이 뒷받침되었기 때문입니다. 그러나 그를 한때 몰락하게 만든 것 또한 그러한 신념이었습니다. 사업을 전개할 때도 본인의 이득보다 알제리의 가난한 사람들을 생각하고, 사재까지 털어가며 제네바 위원회의 기초 세우기에 급급했던 뒤낭은 결국 무리한 투자에 실패하여 파산하고 맙니다.

그리고 39세의 나이에 모든 것을 잃고 노숙자로 전락해 고향을 떠날 수밖에 없었습니다. 범인凡人의 생각으로는 이런 상황에서, 신념을 포기하고 잇속만을 차리는 것이 당연할진데, 뒤낭은 그렇지 않았습니다. 노숙자들과 숙식을 함께 하며 추운 겨울을 길바닥에서 헤매는 생활을 하면서도 그는 세계 평화와 인류애 실현을 위한 구상에 여념이 없었습니다. 심지어 죽기 직전까지도 그는 인류를 위해 자기가 할 수 있는 일, 우리가 나아가야 할 방향을 고민했습니다. 그 올곧은 마음이 뒤낭이 우리에게 '위대한 인간'으로 남은 이유입니다. 어떠한 재능이나 능력 따위가 아닌 마음의 힘을 여실히 보여줍니다.

파산 이후 그가 믿었던 사람들, 특히 5인 위원회의 동지였던 귀스타브 므와니에로부터 배척받으면서 뒤낭은 마음에 큰 상처를 받았습니다. 말년에 그가 의지할 구석이라고는 방랑 생활 중에 만난, 나이를 뛰어넘은 평생의 친구 루돌프 뮐러를 비롯하여 손에 꼽을 만한 몇 명밖에 없었습니다. 말년에 이르러 노벨 평화상을 수상하고, 하이델베르크대학의 명예 박사 학위를 받는 등, 그의 명예가 많이 회복이 되면서 어느 정도는 치유가 되었을 것이나, 마음속에 새겨진 깊은 우울이 모두 가시지는 않았을 것입니다. 그럼에도 불구하고 그런 깊은 절망과 고뇌에 시달리는 중에도 인류애를 포기할 수 없었던 그 우직한 신념이 그가 아직까지도 존경받는 이유이리라 생각합니다.

제네바 바스티옹 공원에 세워진 뒤낭의 기념비

뒤낭은 유럽 국가의 거의 모두가 근대의 발전과 영토의 팽창에 혈안이 되어 있을 때, 이 나날이 발전하는 문명이 칼날이 되어 앞으로의 인류를 위협하리라는 것을 예견한 보기 드문 식견의 소유자였습니다. 그 통찰에서 태어난 것이 ICRC이며, 제네바 협약입니다. 이를 함께 한 동지들 사이에서도 주저하던 적십자의 중립성이나 전쟁 포로의 인권 문제, 나아가 국제 재판소 도입과 남녀의 동일임금 문제까지. 지금 생각해보면 그의 시각은 무섭도록 예리했고, 지금에 와서는 모든 것이 우리 사회에 필요한 것이었음이 명백해졌습니다.

우리말에 "개처럼 벌어서 정승처럼 쓰라"라는 말이

있지만, 뒤낭은 거기서 한발을 더 나아갔습니다. 그는 마지막에 정승이 아니라 개처럼 떠나기를 원했습니다. 유언으로 "화장 후 흔적을 남기지 말라"라고 부탁을 했다고 합니다. 집에서 기르는 개처럼, 아무런 흔적 없이 조용히 세상을 떠나겠다는 것이었습니다. 그렇게 투명하고 깨끗한 채로 뒤낭은 이 세상을 등졌습니다. 그러나 그 족적은 작금의 인류사에 크고 분명하게 남아, 우리의 앞길을 밝혀주고 있습니다. 그의 동지였으나 추후 적대하게 되었으며, 스스로를 내세우기에 급급했던 므와니에의 이름은 거의 잊히고 주목받지 못하고 있으나, 반면에 자신을 내세우지 않고 조용히 떠나가고자 했던 뒤낭의 명예는 아직까지도 우리와 함께 살아 숨 쉬고 있습니다. 이 아이러니함을 생각하자니, 사필귀정이라는 말밖에 떠오르지 않습니다. 오로지 존경과 깊은 감사를 앙리 뒤낭에게 바치고 싶을 뿐입니다.

저는 강단에 설 때마다 "21세기 지도자들은 성숙되고 균형 잡혀야 한다21st C demands mature and balanced Leadership"라고 제자들에게 가르칩니다. 이를 위해서는 여러 가지 덕목이 필요한데 그중 하나가 이상과 현실을 조화시킬 줄 알아야 한다는 것입니다. 이 두 마리 토끼를 동시에 잡는 것은 현실에서 참으로 어려운 일입니다. 그렇다면 그럴 수 없고, 한 가지를 선택해야 하는 극한 상황에서 무엇을 선택해야 할까요? 저는 이상을 택해야 한다고 가르치고 있습니다. 둘 다 중요한 요소이지만 굳이 따지자면 100 중 51이 이상이요, 49가 현실이라는 것입니다. 아주 작은 차이로 노선을 달리해야 할 때, 우리는 이상을 택해야 합니다.

저는 뒤낭이야말로 이 갈림길에서 '이상'을 택함으로써 엄청나게 많은 시련과 모험을 감행한 사람이라고 보고 있습니다. 반대로 뒤낭을 제네바에서 추방한 장본인인 므와니에는 현실을 택한 사람이 되겠지요. 뒤낭은 당시 어느 누구도 생각하지 못한 제네바 협약의 체결, 적십자 창설, 봉사자 모집 및 훈련 등의 인도주의적 발상을 차례차례 떠올리고 실현했습니다. 조국도 아닌 알제리의 이웃들을 돕기 위해 빚을 얻어가며 사업을 벌이다가 파산하고 말았지요. 그렇게 뒤낭은 길고 긴 고난의 길을 걷게 되지만, 므와니에는 뒤낭이 기초를 닦은 틀 위에 올라서서 영광을 누리다가 세상을 떠납니다. 그러나 지금 우리가 기억하는 것은 누구입니까?

물론 므와니에도, 뒤낭이 가지지 못한 현실분석력이

나 행정력, 추진력 등의 현실적이고 실천적인 많은 재능을 가진 인물이었을 것입니다. 그렇기에 뒤낭을 도와 제네바 협약을 체결하기 위한 기초 작업을 도울 수 있었고, 초기 적십자의 성립에 많은 공헌을 했습니다. 그러나 그런 지위와 재능이 있었기에, 어려운 처지의 뒤낭을 도와 명예를 회복시키고 함께 걸어가는 것 또한 그에게 어렵지 않은 일이었을 겁니다. 그런데 그는 뒤낭을 "모든 일에 불평만 늘어놓고 제동을 거는 훼방꾼이자 망상가"라고 폄훼했습니다. 뒤낭이 고난을 겪고 있을 때 그를 돕고자 하는 사람들에게 "뒤낭의 집안은 원래 부유하니 도와주지 않아도 된다"라고 만류하기까지 했다고 합니다.

당시 그 순간, 모든 영광을 독차지하고 적십자 설립자로서의 지위를 누리기 위해 뒤낭을 내치고 만 것입니다. 그의 재능과 뒤낭의 인격·신념이 힘을 합쳤더라면 적십자 위원회는 더 멀리, 크게 뻗어나갈 수 있었을 텐데도 말입니다. 이 두 사람의 성품이 하나로 합쳐질 수 있었다면 얼마나 좋았을까요!

저는 므와니에가 완전히 무능한 인간이었다고 생각하지 않기 때문에 더 아쉬움을 느낍니다. 그렇기에 51

대 49인 것입니다. 사람의 명운을 가르는 약간의 차이, 이 작은 갈림길에서 2를 생각하고 '이상'을 선택할 수 있는 사람이 지도자가 되어야 합니다. 지금 우리에게도 그러한 지도자가 필요합니다. 자신의 울타리를 뛰어넘을 수 있는 확고한 신념을 가진, 앙리 뒤낭과 같은 역사를 창조할 수 있는 지도자 말입니다.

적십자와 나의 인연 그리고 인도주의

뒤낭이 씨앗을 뿌린 인도주의 정신은 세월에 따라 점점 단단하게 뿌리를 내렸습니다. 그것이 열매가 돼서 맺힌 것이 바로 적십자라고 하는 범세계적 기구입니다. 그리고 이는 뒤낭 본인이 밟아보지도 않은 동아시아 끄트머리의 우리 한반도에까지 와닿았지요. 저와 적십자 사이에도 상당히 연이 깊어, 어느덧 50년에 이르는 긴 세월 동안 연을 맺어왔습니다. 저는 1969년부터 1971년 초까지 약 2년여 동안, 서영훈 대한적십자사 22대 총재의 요청으로 영등포구 오류동 성당과 다른 장소를 빌려서 외부 강사로서 RCY^{Red Cross Youth} 소속 청소년들을 가르쳤습니다. 당시에는 서영훈 전 총재가 RCY 부장 자리에 있었지요. 그것이 저와 대한적십자사와의 첫 인연이었습니다. 강의는 주로 전쟁과 평화, 자유와 평등, 제네바 협약 그리고 정의 등에 관한 것이었습니다

그리고 1982년 2월부터 2000년 1월까지의 18년 동안은 세계교회협의회World Council of Churches, WCC의 아시아 국장 그리고 아시아 정책의장 자리를 맡았습니다. 이 시기의 제네바 생활은 저와 적십자와의 인연을 한층 두텁게 하는 계기가 되었습니다. 귀국한 직후에는 인권대사와 국가인권위원회 상임위원으로서 일을 하느라 적십자와 직접적으로 연결되지 않았습니다만, 2007년부터 이화여자대학에서 교수 생활을 시작하면서 ICRC 및 IFRC와 다시 인연을 맺게 되었습니다. 석좌교수의 신분으로 학생들에게 UN과 국제기구에 관해 가르치면서, 그 일환으로 적십자를 연구하게 된 것입니다. 과거에 생활 속에서 만났던 적십자를 이론과 학문으로서 다시 만난 셈입니다.

그리고 2017년 8월부터는 영광스럽게도 제29대 대한적십자사 회장을 맡게 되었습니다. 그 덕분에 여러 경로를 통해서 직접 몸으로 적십자와 마주할 수 있었습니다. 전국에 소재한 혈액원과 헌혈의집, 병원은 물론

이고, 각종 재난 현장 등에서 진정한 의미에서 적십자의 얼굴을 만났습니다. 도움이 필요한 곳이라면 가리지 않고 찾아다니는 직원들과 봉사자 여러분들이야말로 인도주의를 온몸으로 실천하는 적십자의 자랑스러운 면면이었습니다. 2년이 조금 넘은 이 짧지 않은 기간은 저에게 있어서 적십자정신과 인도주의를 그분들에게 배워가는 시간이었습니다. 특히 이산가족 상봉장에 흘러넘치는 슬픈 사연의 한 속에서 느낀, 가슴을 저미는 인도주의의 고귀함은 실로 잊을 수 없는 경험입니다.

인권과 인권운동이라는 주제와 함께, 적십자를 마주한 지 어느새 50년이 지났습니다. 때로는 가늘었고, 때로는 굳건했지만 끊이지 않고 오랜 기간 이어진 적십자와의 인연. 이 모든 시간이 저에게 '인도주의란 무엇일까' 하고 생각하게 만들었습니다. 그리고 오늘에 와서 감히 인도주의에 관해 말해보려 합니다.

제가 이해하는 인도주의란, 전쟁과 핵의 공포를 거부하는 인간의 존엄성을 지키는 반전평화운동입니다. 좀더 깊이 들어가면 평화·비폭력·정의·화해·인권·봉사·지속 가능한 발전을 하나로 묶고 용해시키는 것입니다. 이 모든 것들이 몸 안에서 피와 살이 되어 살아 숨 쉬다가 자연스레 실천되어야 합니다. 이로써 모두의 행복 공동체를 만들 수 있다면, 이것이야말로 인도주의의 구현이라고 할 수 있겠습니다.

행복 공동체를 만들기 위해서 가장 필수적이고 우선이 되어야 할 것이, 우리 주변의 가난하고 목소리를 내기 힘든 소외된 계층을 보듬어 안는 것입니다. 우리 적십자도 다방면으로 활동을 전개하고 있지만, 그중에서도 아무런 대가 없이 묵묵하지만 뜨거운 마음으로 봉사하는 적십자 봉사원들이야말로 인도주의를 실천하는 적십자 운동의 핵이라 할 수 있습니다. 봉사를 하기 위해서라면 때와 장소를 가리지 않고 찾아가, 즐거운 마음으로 헌신하는 이 활동은 적십자의 시초에서부터 내려오는 인도주의의 핵심입니다.

1859년 적십자사 창시자인 앙리 뒤낭은 이탈리아 북부에서 벌어졌던 솔페리노 전투의 한복판에 있었습니다. 신음하는 부상자들과 시신으로 가득 메워졌던 작은 도시 카스틸리오네Castilione에서, 어떠한 특별한 사람도 아닌 그저 일반인 부녀자들이 바삐 뛰면서 부상자들을 돌보고 위로하는 광경을 보면서 그 헌신에 감사하고, 또 존경하게 되었습니다. 이들의 활동을 독려하고 함께 움직이면서 앙리 뒤낭은 한 가지의 큰 깨달음을 얻게 되었습니다. 우리 주변의 모든 '평범한' 사람들도, 재난상황이나 위기에서 다른 사람을 위해서 움직일 수 있다는 것입니다. 이는 결코 위대한 일부 성인이나 위인에게만 가능한 것이 아닌, 평범하면서도 숭고한 일입니다. 이 깨달음과 확신에서 적십자정신이 태어났습니다.

독실한 기독교인이었던 뒤낭은, 하나님께서 인간에게 '어려움에 처한 인간을 돕는다'라고 하는 소명을 유전자 차원에서 각인시켰음을 확신했습니다. 우리 인간이 서로 돕고 의지하는 것은 선천적으로 DNA에 새겨진 정언명령인 것입니다. 현재 운영되고 있는 전 세계 191개국의 모든 적십자 봉사원들은 이를 그대로 실천하고 있고, 그럴 수 있다는 사실을 자랑스럽게 여기고 있습니다. 우리 대한적십자사도 마찬가지입니다. 무려 13만 명이나 되는 봉사원 분들이 위기나 재난상황의 최전선에 앞장서서, 인도주의를 몸소 실천하고 계십니다.

오랜 역사에 걸쳐 인도주의를 실천한다는 어려운 과업이, 전 세계에서 수많은 사람들에 의해서 이어질 수 있는 것은 인도주의 실천을 위한 7대 기본원칙을 공유하고 있기 때문입니다. 적십자 인도주의의 실천은 공평하게, 중립적으로, 독립성을 유지하면서 하나의 적십자 정신 아래 만인 공통으로 자발적인 봉사를 통해 이루어져야 한다는 가르침입니다. 1863년 스위스 제네바에서 창설된 적십자 운동이 지금까지도 유지되고 발전하고 있는 이유도 이 7대 원칙이라고 하는 기본적인 공감대가 전 세계 적십자 사이에 형성되어 있기 때문입니다. 물론 대한적십자사도 그 일원으로서 7대 원칙을 꾸준히 지켜오고 있습니다.

  물론 원칙이 있다고 해서 이걸 지키는 것이 결코 쉬운 일은 아닙니다. 아주 어려운 일이지요. 아무런 대가도 바라지 않은 채, 이 어려운 일을 묵묵히 실천하고 계신 분들을 진정으로 존경합니다. 우리 모두 그리해야 한다고 생각합니다. 이들이야말로 인격화된 적십자정신이요, 우리가 우러러 보아야할 적십자의 얼굴입니다. 제가 회장 자격

적십자운동
기본원칙

「인도」「공평」「중립」「독립」
「자발적 봉사」「단일」「보편」

전 세계의 적십자사가 시간과 공간의 한계를 넘어, 같은 목적의식을 유지한 채 이어져 갈 수 있는 것은 기본이 되는 7대 원칙을 한마음으로 지켜오고 있기 때문입니다.

으로 봉사자들에게 표창장을 드릴 때면 절로 고개를 숙이게 됩니다. 아무런 대가도 바라지 않은 채 봉사하고 계신 분들에 비하면, 저는 실천적인 측면에서 한참 뒤떨어진다고 생각하기 때문입니다.

종종 2만 시간, 3만 시간 이상을 봉사활동에 매진한 봉사자들도 뵙게 되는데, 정말 정신이 아득해질 정도의 시간입니다. 하루에 5시간씩을 봉사한다고 해도 16년 이상이 필요한 시간이지요. 그야말로 한평생을 봉사와 함께하신 것이라 해도 과언이 아닐 것입니다. 대체 누가, 무엇이 이들을 이처럼 헌신하게 만드는 것일까요? 이들에 비하면 저는 아무것도 하지 않은 게 아닐까 반성하며, 위대한 적십자정신을 되새깁니다. 정말로 귀하고 거룩하신 분들입니다.

오늘날의 인도주의는 인간의 존엄성을 지키기 위해서, 전쟁이나 폭력 그리고 핵과 같은 위협에서 우리가 완전히 해방되고 자유로워져야 한다는 교훈을 끊임없이 전하고 있습니다. 전 세계 국가들이 한마음으로 비준하고 있는 제네바 협약 또한 인도주의적인 발상과 그 궤를 함께하는 것입니다.

1863년 앙리뒤낭은 '전쟁 중에도 자비를!'이라는 표어를 기치로 내걸고, ICRC의 전신인 5인 위원회의 설립에 앞장섰습니다. 전쟁이라는 슬픈 일이 벌어지더라도, 그 와중에 최대한 인간의 생명을 보호하고 존중하기 위한 움직임이었습니다.

어떻게 보면, '전쟁'이라고 하는 극한 상황을 상정한 제네바 협약이, 인도주의를 표방하기에는 모순을 안고 있다고 생각할 수도 있습니다. 태생부터 전쟁이 일어난다고 하는 한계를 전제로 한 협약인 셈이니까요. 그러나 제네바 협약은 그러한 극한 상황을 부정하지 못하더라도, 그 안에서 최소한의 생명에 대한 경외심·존중·사랑을 지켜나가기 위한 우리 인간의 몸부림이자 마지막 자존심입니다. 가혹한 상황에서도 포기하지 않고, 끝까지 우리가 할 수 있는 모든 것을 하자는 마음에서 출발한 숭고한 약속입니다.

국제적십자위원회(ICRC)와
국제적십자사연맹(IFRC)

적십자의 발상지인 스위스 제네바에는 크고 작은 세계적 NGO의 본부가 180개 이상 위치해 있습니다. 그야말로 근현대 인도주의의 본산다운 놀라운 숫자인데, 그중에서도 손꼽히는 아주 중요한 단체가 다섯 군데 있습니다.

첫째가 ICRC International Committee of the Red Cross 와 IFRC International Federation of Red Cross and Red Crescent Societies 이며, 둘째가 UN 총회를 제외한 거의 대부분의 UN 본부, 셋째 세계노동기구 International Labour Organization, ILO, 넷째 세계보건기구 World Health Organization, WHO, 다섯째가 WCC입니다.

이 중 IFRC는 올해로 설립 100주년을 맞이합니다.

공교롭게도 우리나라가 일본의 식민세력에 저항하여, 전국 방방곡곡에서 대대적인 독립운동을 벌였던 1919 년에 설립되었습니다. 같은 해에 ILO 또한 설립되었습니다. 이 두 기구는 UN보다 훨씬 먼저 설립되어 1945 년 설립된 UN에 많은 공헌을 하게 됩니다. 더욱이 ICRC는 그 설립이 1863년까지 거슬러 올라가니, 역사가 UN보다 훨씬 더 오래된 셈입니다. 제네바는 세계에서 손꼽히는 아름다운 경관으로 유명한 도시이지만, 그뿐 아니라 이러한 국제기구들이 모여 있는 모습에서도 세계적인 도시의 위용을 느낄 수 있습니다.

그중에서도 제네바인들이 가장 자랑스럽게 여기는 것이, 제네바인들 자신이 설립한 ICRC입니다. ICRC 건물은 미국과 러시아 대사관을 양옆에 거느리는 형태로 건설되어 있으며, 그 주위로 ILO, WHO, WCC와 여타 UN의 모든 기구가 자리를 잡고 있습니다.

이런 건물 배치가 보여주듯이, 스위스에서는 재미있게도 스위스의 중립 정신이 적십자정신으로 거듭나 미국과 러시아 양대 세력의 중재 역할을 하고 있다고 가르칩니다. 1985년 로널드 레이건과 미하엘 고르바초프의 냉전 종식회담이 제네바에서 열렸습니다. 저의 일

| 제네바에 위치한 ICRC 본부

때문에 제 아들은 제네바에서 초등학교를 다녔는데, 이 이야기를 학교에서 듣고 와서 자랑스레 해주던 모습이 아직도 선명합니다.

ICRC의 모태는 뒤낭이 시작한 인도주의와 적십자정 신입니다. 그렇게 뿌리내린 적십자는 전쟁, 무력충돌, 내란 등 폭력이 일어나는 그 어떤 곳이든 찾아가서, 무력으로 인해 희생당하는 무고한 사람들을 보호하고 그들의 인격과 존엄성을 지켜주는 역할을 하고 있습니다. ICRC는 총회와 이사회 그리고 그 밑에 있는 사무국과 중앙심인국 등으로 구성되어 있습니다. ICRC의 위원

은 25명의 스위스인으로 이루어져 있으며, 제네바 협약
에 의거하여 인도주의적 원칙하에 직무를 수행하고 있
습니다.

2012년 7월 1일부터 현재까지 7년째 ICRC의 총재
직을 수행하고 있는 사람은 전 스위스 외교부 장관을
지낸 피터 마우러[Peter Maurer]입니다. 그 아래 1만 6,000명
의 직원들이 80개국에 파견되어 분쟁·전쟁 지역에서
생명의 위협을 무릅쓰고 인도주의 활동에 힘쓰고 있습
니다. 그 재원은 스위스를 위시한 제네바 협약 체결 당
사국 정부, 각국 적십자사 및 유럽 위원회와 같은 초국
가적 기구의 기여금 그리고 민간 기부금 등으로 유지되
고 있습니다. 우리 정부와 대한적십자사도 여기에 상당
한 금액을 기여하고 있습니다.

한편 IFRC는 자연재해와 인위적인 재난이 발생한 지
역, 긴급 구호가 필요한 지역 등에서 위험에 노출되어
있는 사회적 약자들을 돕기 위해, 인도주의에 입각한
구호 활동을 펼치고 있습니다. 1919년 프랑스 파리에서
미국·영국·프랑스·이탈리아·일본 5개국의 적십자사가
제안하여 설립되었습니다. 당시에 ICRC가 분쟁지역에
서 인도주의 활동을 펼치고 있었는데, 이 활동이 미치

는 범위가 제한적이었고, 비非분쟁지역에서의 위기관리 필요성이 대두되면서 IFRC의 창립을 제안하게 된 것입니다. 이는 인도주의 활동이 언제나 기존의 방식으로만 이루어지는 게 아니라, 현실의 변화에 발맞춰 외연을 확장하고 이어나가는 사례로, 많은 국가들이 그 타당성에 공감하여 동참하고 있습니다.

　현재 191개국의 적십자사가 IFRC 회원국으로 참여하고 있습니다. 전 세계를 크게 4개 지역으로 구분하여 각 지역마다 5개국을 이사로 선출하여, 의결기구인 관리이사회를 운영하고 있습니다. 이 4개 권역은 첫째 미주, 둘째 유럽, 셋째 아프리카, 넷째 아시아·태평양·중

　적십자 활동은 국경을 가리지 않고 이루어진다.

동 지역이며, 아시아·중동·태평양 지역에서는 현재 한국, 팔레스타인, 피지, 방글라데시 그리고 이란이 선출되어 활동하고 있습니다.

이렇게 지역을 구분하여 운영하는 것은, 비단 운영의 편의성 때문만은 아닙니다. 각 지역의 상황이나 문화의 차이 등을 감안할 때, 적절하게 활동을 전개하기 위해서는 지역의 구분이 필요하기 때문이기도 합니다. 현재 IFRC에서는 전 세계를 4개 권역으로 구분하고 있다고 말씀드렸지만, UN과 WCC에서는 전 세계를 7개 지역으로 구분하고 있습니다. 인구가 많고 포괄하는 범위가 넓은 아시아·태평양·중동의 상황과, 문명 및 종교의 다양성을 고려하면 마땅히 IFRC도 이 지역을 2, 3개 지역으로 세분화할 필요가 있습니다. 이는 2019년 IFRC 2차 관리이사회에서 제가 역설한 내용이기도 합니다.

가령 대한적십자사를 중심으로, 동아시아에서 주요한 화두가 되는 사업 중 하나가 바로 남북문제입니다. 지금 전 세계에서 남은 유일한 분단국가인 남북한의 화해 문제는 두 나라 사이의 갈등 차원을 넘어서 동아시아의 평화와 결부된 문제입니다. 이런 문제에 긴밀하게 대응하기 위해서는 아시아 권역 수준에서 발빠른 공조가 이루어질 필요가 있습니다. 이에 ICRC와 IFRC는 분단국가인 한국에 사무소를 설치하여, 대한적십자사와 함께 다양한 인도주의 협력활동에 힘쓸 것을 협약하였습니다.

서울사무소 설치는 다소 늦었지만, 북한에는 이미 16년 전에 ICRC와 IFRC 각각의 평양사무소가 문을 열고 과업을 수행하고 있습니다. ICRC 및 IFRC 소속 직원과 북한 적십자회 직원을 더한 총 30여 명이 북한에서 각종 기초건강보건사업, 재난대응, 물과 위생 문제, 식량권 확보 등의 다양한 사업을 추진하고 있습니다. 분단상황하에서 인도주의를 실천하기 위하여 평양과 서울사무소를 중심으로 협력하여 연대해나갈 필요가 있습니다.

우리가 남북의 분단상황이라는 특수성 때문에 이에 관한 협력을 필요로 하는 것처럼, 다른 지역에도 각 지역의 특수한 배경이나 상황에 따른 과업이 있을 수밖에 없습니다. 그렇기 때문에 권역을 세분화하여 발 빠르게 공조해나갈 수 있는 환경을 조성할 필요가 있는 것입니다. 이것은 재정 등의 장벽 때문에 아직 요원한 일이라는 것이 무척이나 안타깝습니다.

그래도 다행스러운 것은, 우리나라에 ICRC와 IFRC가 각각 서울사무소를 설치하는 것처럼, 양 기구가 서로 협력하고자 하는 흐름이 점차 강해지고 있다는 것입니다. 원칙적으로 전시 무력 충돌이 일어나는 분쟁지역에서는 ICRC가, 평시의 재난이 일어나는 비분쟁지역에서는 IFRC가 활동하는 것으로 임무가 구별되고 있지만, 현실적으로 이를 딱 잘라 구분하기가 어려웠습니다. 지역의 성격이 변화하기도 하고, 복합적으로 얽히기도 하기에, 두 기관의 활동영역이 겹치는 경우 또한 심심찮게 일어납니다. 그래서 저 또한 제도의 보완과 상호 조정이 필요하며 서로 매끄럽게 협력해야 함을 역설한 바 있고, 이를 실천하기로 합의되었습니다. 나아가 인도네시아 지진이나 아프리카의 에볼라 질병 등 세계적인 위기상황에서 ICRC와 IFRC가 공동으로 모금 캠페인을 벌이자는 내용에도 합의하였습니다. 국제사회에 대한 긴급호소Emergency Appeal를 공동으로 진행하기로 한 것입니다.

시대를 넘어 이어지는
적십자정신과 그 역사

역경을 딛고 잡초처럼 끈질기게 피어나는 인류애

세계 각지에서 적십자사가 나름의 활동을 펼치고 있는데, 우리나라 대한적십자사도 결코 예외가 아닙니다. 대한적십자사가 지금에 와서는 IFRC의 중요한 회원국이며, 2005년에는 제15차 국제적십자사연맹 총회가 우리나라에서 열리기도 했습니다. 2017년에 열린 연맹총회에서는 아시아·중동·태평양 지역의 이사국으로 선출될 정도로 대한적십자사의 위상이 높아졌지요. 2005년에 이은 두 번째의 쾌거입니다. 그러나 그 시작은 결코 순탄하지 않았습니다. 세계대전을 전후로 한 격동의 시기에 시작되어 많은 고초를 겪었고, 실체조차 유지할

| 스위스 정부에 제출된 제네바 협약에의 한국 가입기탁서 부본

수 없었던 시기도 있었습니다. 그러나 그 역경을 딛고 대한적십자사의 역사는 이어져왔습니다. 적십자정신이라고 하는 굳건한 기치를 바탕으로 말입니다.

대한적십자사의 역사는 114년 전, 대한제국 시기로 거슬러 올라갑니다. 1903년 고종황제는 강대국들의 침략과 간섭에서 벗어나고자 대한제국을 중립국으로 세계에 천명하고자 하는 계획의 일환으로 제네바 협약에 가입하였습니다. 그리고 1905년에는 칙령 제47호를 반포함으로써 대한적십자사를 설립하였습니다. 이는 한반도 땅에서 전쟁과 침략이라고 하는 반인도주의적인 폭력 행위에 반대한다는 명확한 의사표명이었습니다. 대한제국이라는 나라와 거기 사는 국민들이, 엄연히 보

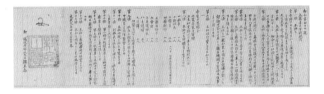

호받고 존중받아야 하는 권리를 지녔음을 전 세계에 선
포하고자 한 것입니다.

그러나 그해 11월 17일 일본의 강압에 의하여 을사
늑약이 체결되어 우리의 외교권이 박탈되었습니다. 고
종황제는 1907년 네덜란드 헤이그에서 열린 제2차 만
국평화회의*에 특사를 파견하여 을사조약의 부당함과
일본의 침략 행위를 폭로하고 국제사회에 도움을 요청
하였습니다. 그러나 일본의 방해로 뜻을 이루지 못하였
습니다. 이를 계기로 일본정부의 간섭과 개입이 심화되
었고 국제적으로 인도주의 활동을 전개하는 적십자사
의 활동은 크게 위축되었습니다. 결국 경술국치에 앞서
1909년 7월 23일 일본은 대한적십자사를 강제로 폐사
해버리고 일본적십자사에 편입시켰습니다.

---

* 전쟁약자를 위한 적십자법인 제네바 협약과 전쟁법인 헤이그법을 논하기 위하
여 모인 회의. 제1차 회담은 1899년에 열렸다.

그러나 그런 방해에도 불구하고 적십자에 담긴 마음은 퇴색되지 않았습니다. 1919년 1월 파리평화회의

1907년 헤이그에서 열린 제2차 만국평화회의

에서 미국의 윌슨 대통령이 민족자결주의 원칙을 천명하면서, 그에 힘입어 독립운동가들의 활동이 거세졌습니다. 이런 흐름의 결과로 중국 상하이에 대한민국임시정부가 설립되었는데, 이 임시정부의 요인이었던 안창호, 이희경, 여운형, 안정근 등이 주축이 되어 대한적십자회 설립을 공포하였습니다. 1919년 8월 29일의 일이었습니다. 공식적으로 나라의 주권을 빼앗긴 경술국치일로부터 정확히 9년 만의 일입니다.

대한적십자회는 병원을 세워 상하이에 거주하는 동포들을 진료하고 국제사회에서도 일제의 만행을 규탄하고 독립의 당위성을 호소하는 등 다양한 활동을 전개하였습니다. 또한 상하이에만 국한되지 않고, 중국 전역과 미국, 러시아, 한반도에 이르는 각 지역의 동포들과 연계하여 적십자 활동과 독립운동에 힘썼습니다. 당

大韓赤十字會員 김영하는 징역 1년을 불복공소

함경남도 원산부 중리 일동오번디 김영하(咸南元山府中里 一洞 金永河)와 본적 함경남도 영흥군 현주 긴도 오희영(原籍 咸南 永興郡 現住間島 吳熙泳) 두명은 모다 제령위반으로 함흥디방법원에서 징역 각1개년에 처하얏는대 김영하는 이를 불복하고 경성 복심법원에 공소하얏는바 피고 두명은 작년 10월경에 독립운동 목뎍하고 긴도에 설치된 대한적십자회(大韓十字會)에 가입하야 전경욱(全慶郁)의 부하에서 의연금을 모집하고 회원을 권유하다가 동년 12월에 다수한 불온문서를 가지고 원산에 도라와서 동월 15일에 원산부 중리3동 31번디 김병제(元山府 中里 3洞 金秉濟)에게 적십자회에 가입하기를 권유하다가 발각톄포된 것이라더라.

· 「동아일보」 1921년 4월 13일.

연히 일제에게 있어서는 눈엣가시일 수밖에 없었지요. 그래서 일본 정부에 의해 심한 탄압을 받았습니다. 당시 적십자 회원 및 회비 모금 활동을 한 사람은 최소한 1년 이상의 징역형에 처해졌습니다.

대한적십자회는 독립된 국가로서 국제적 승인을 얻기 위하여 스위스 제네바에서 열린 국제적십자회의에 이관용을 파견하였습니다. 그는 한국의 적십자회를 일본의 적십자회로부터 독립시켜줄 것을 호소하고, 북간도 일대에서 한인들을 학살하고 가옥을 태우는 등 일본군의 범죄 행위를 규탄하였습니다. 하지만 제1차 세계대전의 전승국 일원이었고 국제적십자사연맹 창립회원국이기도 한 일본의 외교력은, 주권을 잃은 우리나라의 망명정부가 당해낼 수 있는 게 아니었습니다. 대한적십

자회의 목소리는 묵살되었고, 적십자사의 독립 또한 승
인되지 않았습니다.

그러나 이러한 외압에도 불구하고 적십자사의 정신
과 활동은 끈질기게 이어졌습니다. 당시로서 적지 않은
금액이었던 8,164원을 각지에서 모아 헌납하기도 하였
습니다. 이러한 적십자 회원 및 회비모금 운동이 지금
의 국민 모두 십시일반으로 참여하고 있는 적십자회비
모금운동의 뿌리입니다.

이들의 활동은 결코 안전한 후방에서만 이루어진 것
이 아닙니다. 대한적십자회는 독립군 부상자 치료를 위
하여 간호원을 양성하고, 부상을 입은 독립군과 그 가

| 대한적십자회 응급구호반

족의 생계를 지원하는 등 전시상황에서 적십자정신을 실천하고자 노력했습니다. 대한적십자회가 배출한 간호원들은 조국 독립을 위해서 각지에서 전투가 벌어지던 전장에서 부상자들을 구호함으로써 적십자 본연의 역할을 다하게 됩니다.

당시 이들이 불렀다고 하는 〈적십자의 노래〉 가사에는 적십자회 회원들이 공유했던 인도주의 정신이 잘 나타나 있습니다. 이 노래의 가사는 1920년 3월 1일 자의 《상해독립신문》에 실려서 아직까지 전해오고 있지만, 악보는 남아 있지 않습니다. 그래서 당시 음정으로 노래를 들을 수 없어 많은 아쉬움이 남습니다.

한 나라에 꽃다운 새악시

氣運(기운)찬 사내들

가슴에 불근 十字標(십자표)하고

앞서 나아간다.

하나님의 부르심을 좇아

正義(정의)와 人道(인도)를

彈丸(탄환)이 빗발 갓혼데라도

빛내기 위하야

한 나라의 꽃다운 새악시

氣運(기운)찬 사내들

아름다운 人生(인생)의 사랑을

거룩한 싸움에

나타냄이 너의 자랑이니

상(傷)하고 누운者(자)는

적(敵)이라도 너의 따뜻한 손

악기지마러라

– <적십자의 노래>

전후의 상처를 보듬다

우리 모두가 아는 바와 같이, 그 후 일본이 제2차 세계대전에서 패망하면서 우리나라도 독립할 수 있었고, 우여곡절을 거쳐 대한적십자사의 지위도 승인되었습니다. 그러나 일제가 우리 국토와 국민들에게 남긴 상흔은 아직도 사라지지 않았습니다.

일제에 의한 피해자로 가장 대표적인 것은 위안부 여성들입니다. 그러나 그 외에도 우리 사회에는 남아 있는 피해자 분들이 많이 계십니다. 그중에서도 적십자가

히로시마 평화기념공원에 세워진 한국인 원폭 희생자 추모비

2019년에 한국을 방문한 사할린 한인 2-3세들의 모습

과거의 정신을 이어받아 지속적으로 지원하고 있는 분들이 바로 사할린 동포와 원폭 피해자 분들입니다. 일제의 강제 징용 등에 의해 러시아 사할린으로 이주한 동포들은 일본정부의 귀환 불허 그리고 일방적인 국적 박탈 조치로 해방 후에도 사할린에 남겨지고 맙니다. 그 수가 무려 4만 3,000명에 이릅니다. 또한 1945년 8월 일본 히로시마와 나가사키에 투하된 원자폭탄으로 당시 7만 명의 한국인이 피해를 입었습니다. 전쟁으로 인한 상처와 한을 안고 많은 피해자들이 세상을 떠났지만 아직도 생존해 계시는 분들을 위하여 한일 양국의 적십자사가 협력하여 지원하고 있습니다.

여기서 우리가 기려야 할 한 인물이 있습니다. 대한 적십자사 박애장 금장을 수상하신 전 한국원폭피해자협회 곽귀훈 회장입니다. 1944년 전주사범대학교 재학 당시 일본군에 징집되어 히로시마에서 훈련하던 중 1945년 8월 6일 피폭된 원폭 피해당사자이기도 합니다. 귀국 후에는 43년간 교육자로서의 길을 걸었던 그는 1967년부터 한국인 피폭자의 권익보호를 위해 헌신하여 사단법인 한국원폭피해자협회의 제12대, 제22대 협회장 직을 역임하였습니다. 그는 1998년 일본정부를 상대로 제기한 소송에서 승소하였는데, 이는 피폭자에게 일본의 원호법을 적용시키는 역사적인 사건이었습니다. '피폭자는 어디에 있어도 피폭자'라는 말은 지금도 인구에 회자되고 있습니다.

인고의 세월은 가혹하고 길었지만, 1945년 8월 15일 일본이 연합국에 항복함으로써 국민들은 자주적인 단일 독립정부를 세울 수 있을 것으로 생각하였습니다. 하지만 우리의 바람이 무색하게, 겨우 찾은 국토는 다시 한 번 남북으로 갈라지고 맙니다. 미·소 양국이 북위 38도선을 경계로 국토를 분할해 군정을 실시한 것입니다. 당시 주권국가로서의 적십자사를 설립하려는 움직임이 빠르게 일어났으며 1947년 3월 조선적십자사가 창립되었습니다. 초대 총재로 김규식 박사가 추대되었습니다. 그는 적십자사연맹이 각 민족 간의 행복과 복리를 위하여 규정한 박애 원칙에 부합하여 차후 사업을 훌륭히 수행할 것과 국내동포들의 재난을 경감하고 빈곤한 동포를 구제하여 국민의 생활수준과 문화향상을 위하여 최선을 다할 것을 선언하였습니다.

조선적십자사는 미군정하에서 짧은 기간 동안만 운영되었기에, 기억하는 분들이 많지 않으리라 생각하니

조선적십자사 김규식 초대 총재 창립기념식 연설

RCY 단원이 응급처치법 강습을 받는 모습

다. 그러나 1947년 4월 최초의 자원봉사 조직인 적십자 부녀봉사대를 발족시켜 우리나라에서 순수 자원봉사운동의 시발점이 되었습니다. 또한 국민보건운동의 일환으로 가정간호법을 부녀자들에게 교육시켜 위생관념을 갖게 하고 환자들의 간병을 위하여 응급처치를 할 수 있도록 가르쳤습니다. 이 과정에서 미국적십자사와의 협업이 이루어졌습니다. 지금까지도 이어지고 있는 응급처치법 강습이 시작된 것입니다. 이후 수상안전법을 교육하는 등, 안전문화운동의 초석을 놓았습니다.

그리고 마침내 1948년, 신생국가 대한민국의 제헌헌법이 제정되었습니다. 곧이어 대한적십자사조직법 또한 제정되어 대한적십자사의 법적 근거가 마련되었지요. 숱한 어려움을 헤쳐 나온 대한적십자사는 먼저 인도주의 사업을 위한 재정확보를 위하여 범국민적인 운동을 펼치게 됩니다. 대통령, 국무총리의 지원에 힘입어 수많은 국민이 여기 참여해주었습니다. 국민들 모두가 어려운 시기였습니다. 해방 직후의 혼란이 아직 채가시지 않은 때였지요. 그런데도 불구하고 많은 국민들이 인도주의 정신에 공감하여 적십자운동에 선뜻 손을 보태주었습니다. 지금도 그 사실을 생각하면 사람들의

이승만 대통령 내외가 앞장서서 적십자 회원으로 가입하는 모습

6·25 전쟁 중 부산에서의 전재민 구호 활동

마음속에 인도주의의 씨앗이 버젓이 자리 잡고 있음을 느끼고 가슴이 뭉클해집니다.

그렇게 국민들의 성원 속에 적십자의 기틀을 마련할 수 있었기 때문에, 6·25 전쟁이라는 참화 속에서도 적십자가 제 역할을 다할 수 있었습니다. 적십자사는 전쟁 중에 굶주리는 피난민들에게 구호물품을 전달하고 전쟁고아와 미망인, 상이군인들을 구호하였습니다.

이때 어려움에 처한 우리를 돕기 위한 도움의 손길이 전 세계에서 쏟아졌습니다. 여러 나라의 적십자사에서 구호물품을 지원해주었고, 특히 스웨덴과 노르웨이, 인도, 덴마크, 이탈리아 그리고 독일에서는 의료지원부대를 직접 파견해 구호에 힘써주었습니다. 부산의 태종대 공원 입구에는 이들의 희생을 기리는 기념비가 있습니다. 이처럼 적십자의 근간이 되는 인도주의 정신은 국경을 가리지 않고 발휘되는 것입니다. 우리 또한 우리가 어려울 때 내밀어졌던 도움의 손길을 잊지 않고, 또 다른 어려운 이웃, 세계 각지에서 발발하는 전쟁과 재난 피해자들을 도움으로써 선한 영향력을 전파시켜 나가야 합니다. 그것은 단순한 호의가 아니라, 한때 도움을 받은 인류의 구성원으로서의 의무이자 사명입니다.

전쟁은 많은 상처를 남겼습니다. 이때 남북으로 갈리고 만 가족들의 고통을 해소하려고 대한적십자사는 앞장섰습니다. 1983년 6월 30일부터 55일간 KBS와 협조하여 진행한 〈이산가족을 찾습니다〉 프로그램을 통해, 1만 952명의 이산가족들이 재회의 기쁨을 누릴 수 있었습니다.

| 남북이산가족 고향방문단이 상봉하는 모습

그 후에도 1971년 인도적 차원의 남북적십자회담을 제안하였고, 현재까지도 이산가족상봉 업무를 추진하고 있습니다. 지난 2018년, 금강산에서 이루어진 제21차 이산가족상봉을 회상하면 지금도 가슴이 미어집니다. 다행히 현장에서 많은 사람들이 가족을 만날 수 있었지만, 여전히 이루어지지 않은 만남이 많습니다. 특히 고령자분들을 생각하면 앞으로 더 많이 노력이 필요함을 통감합니다.

또한 전쟁의 참화로 황폐해진 산을 푸르게 가꾸기 위한 활동과 더불어 RCY 활동이 시작되었습니다. 이는 많은 청소년들에게 평화의 소중함을 일깨워주고 꿈과 희망을 심어주었습니다. 전쟁 이후 약 50년. 2003년 남북한의 청소년이 손을 맞잡고 금강산에서 나무를 심었습니다. 평화를 사랑하고, 환경을 사랑하는 그들이 자랑스럽습니다. 이들이 인도주의 정신을 이어받아, 다가

올 미래의 희망이 될 수 있기를 항상 바라 마지않습니다. 그리되어주리라고 믿습니다.

한반도의 아픔과 함께한 적십자

전시가 아니더라도, 대한민국의 근현대사에 산재한 고난의 현장에 적십자는 항상 함께했습니다. 1960년 4·19 혁명 당시에는 부상자를 위한 구호본부를 설치해 운영하고 혈액을 실어 날랐습니다. 또한 희생자에 관한 업무 일체(부상자 치료, 4·19 희생자 등록 증명원 발급 등)를 정부로부터 위임받아 처리하였습니다. 1980년 5·18 광주민주화운동 시에는 계엄군의 삼엄한 감시에도 굴하지 않았습니다. 대한적십자사는 계엄군의 경계를 뚫고, 적십자 표장을 붙인 앰뷸런스를 앞세워, 광주 시내로 들어갔습니다. 군인들도 인도주의 활동을 전개하는 대한적십자사의 정신을 인정하여 이들을 들여보내주었고, 당시의 봉사원분들은 부상당한 광주시민들의 구호에 힘썼습니다.

이처럼 헌혈운동은 고난의 현장에서 시작되었습니다. 약 70년 전인 1948년 8월 세계적십자 17차 회의에서 각국의 혈액사업 전개를 권장하는 결의사항이 채택되었고, 대한적십자사는 그로부터 10년 후인 1958년 국립혈액원을 인수하면서 매혈에 의한 혈액사업을 시작입니다. 1960년 4·19 학생 혁명 때 부상학생 62명에게 혈액을 공급하기 위하여 자진하여 헌혈이 이루어졌고 이것이 한국 헌혈운동의 시작이 된 것입니다. 1974년 내외부의 반대에도 불구하고 의료기관 최초로 매혈을 중지하였습니다. 당시 의사신문에서 500명의 의료인을 대상으로 한 설문조사를 실시했는데, 여기서 80% 이상이 자발적인 헌혈로 충분한 혈액을 확보하는 것은 불가능하다고 여겼습니다. 이를 생각하면 매혈을 중지하는 것은 매우 어려운 결정이었을 것입니다. 그러나

| 헌혈을 통해 이웃과 사랑을 나누는 모습

이 어려운 시도는 결국 현실이 되고, 이제는 '당연한 것'
이 되었습니다. 결국 1981년 국가가 혈액사업을 대한적
십자사에 위탁하고 매혈을 전면중지하게 된 것입니다.
적십자 가족들의 헌신적인 지원이 일궈낸 성과입니다.

누구나 한 번쯤은 "Saving Lives"라는 카피를 본 적
이 있을 것 같습니다. 전 세계 191개 각국의 적십자사
에서 공통으로 표방하고 있는 문구이기 때문입니다. 우
리는 이 말을 나누는 것을 통해 적십자정신을 공유하
고, 거기에서 긍지를 느낍니다. 저 또한 명함의 한 귀퉁
이에 "적십자는 생명입니다"라는 문구를 적어놓았습니
다. 우리 적십자가 '적십자는 생명'이라고 말하는 이유

| '세계적십자 헌혈의 해' 헌혈 캠페인 운동 전개

는, 현대 의료에서 결코 빼놓을 수 없는 '혈액'이라고 하는 소중한 자원을 공급하고 있기 때문입니다. 혈액 공급은 적십자사의 가장 중요한 의무 중 하나입니다. 대한적십자사는 우리나라 혈액의 전체 공급량의 약 94%를 전국 병원에 공급하고 있습니다. 바로 지금 이 순간에도, 고마우신 국민 여러분들이 자신의 소중한 혈액을 아픈 환자들에게 제공하고 있습니다.

첨단 과학이 발달된 오늘날까지도 혈액을 인공으로 만들 수는 없습니다. 혈액은 단순한 액체가 아니라 생명 그 자체이기 때문입니다. 헌혈을 통해 아픈 환자가 생명력을 회복하고, 서로가 서로에게 힘이, 나아가 생명 그 자체가 되어주는 이 아름다운 순환이 "적십자는 생명입니다"라는 말로 표현된 것입니다.

대한적십자사는 2004년 혈액안전관리개선종합대책을 성실히 이행하여 2005년 핵산증폭검사[NAT]를 도입한 이후로, 지금까지 4종의 바이러스(HIV, HBV, HCV, HTLV)에 의한 수혈 감염사고는 단 한 차례도 일어나지 않았습니다. 전 세계에 자랑할 만한 수준임을 자부합니다. 이 노하우를 살려, 장래에 평양에도 대한적십자사의 지원으로 멋진 혈액원이 설립·운영되기를 기대하고 있습니다. 한편 안타깝게도 2015년 헌혈 인구 300만으로 국민헌혈율 6%를 달성한 이후, 헌혈 인구는 점차 감소하고 있습니다. 고령화와 인구절벽의 영향이 큰 것으로 보입니다. 부디 국민 여러분들께서, 이웃과 생명을 나누는 숭고한 헌혈운동에 동참해주실 것을 부탁드립니다.

고통이 있는 곳이라면 그 어디라도

우리나라는 일제 강점기와 6·25 전쟁 시기에 어려움을 극복하는 과정에서 다른 나라의 도움을 많이 받았습니다. 이들이 보편적인 인류애에 입각해 우리를 도운 것처럼, 우리도 그 마음을 잊어서는 안 됩니다. 인종과 종교, 지역과 정치적 이념에 구애받지 않고, 가장 힘들고 도움이 필요한 사람을 돕는 것입니다.

2018년 6월에는 제주도에 예멘 난민 500여 명이 들어왔습니다. 난민 지원에 대한 우리 국민들의 의견은 첨예하게 갈렸고, 관련 뉴스가 매일같이 언론에 보도되었습니다. 이런 상황에서 적십자는 공평의 원칙에 입각하여 인도주의를 실천했습니다. 난민들을 대상으로 상담, 의료지원, 식료품 지원 프로그램을 제공한 것입니다. 근래에 들어 새삼스레 시작된 일은 아닙니다. 대한적십자사는 과거에도 1975년부터 1993년까지 18년간 베트남 전쟁 난민을 위한 보호소를 운영하였습니다.

이것은 대한적십자사, 아니 적십자운동의 근본이 보편적인 박애와 인류애 정신에서 비롯되었기 때문입니다. 오늘날 전 세계에서 수백만 명에 이르는 봉사원분들이 전시와 평시를 가리지 않고 자원봉사에 참여하고 있습니다. 이를 통해 적십자정신을 실천하고 있는 것이지요.

대한적십자사 자원봉사 활동은 미군정하의 조선적십자사 시절인 1947년 4월 발족한 적십자부녀봉사대를

| 한국 해군 함정 편으로 부산항에 도착한 베트남 난민

그 효시로 삼고 있습니다. 1958년에는 여성봉사특별자
문위원회의 지원으로 시간 표창 제도를 도입하여 우리
나라 봉사시간 관리제도의 초석을 놓았습니다. 특히 사
회지도층으로 구성된 여성봉사특별자문위원회는1955
년 조직되어 지금까지 노블레스 오블리주를 실천하고
있습니다.

상세한 활동내역은 시대에 따라 조금씩 모습을 달리
합니다. 1950년대에는 전후 시설복구를 위한 노력봉사
와 전쟁 이재민, 군경 환자에 대한 급식과 간호 등 인간
의 생명 존중을 기초한 구호에 주력하였습니다. 1960년
대에는 농촌 봉사 활동과 탁아소 운영, 불우시설 위문
활동을 펼쳤습니다. 1970년부터는 국가의 경쟁력 강화
와 사회가 다원화되어가면서 시대의 요구에 부합하는
봉사 활동이 이루어졌으며 이에 맞추어 각종 기능 봉사
회가 만들어졌습니다. 특히 1986년 서울에서 개최된 아
시안게임과 1988년 서울올림픽대회 그리고 제8회 장애
인올림픽경기에서 적십자 봉사활동을 유감없이 발휘하
였습니다. 적십자 봉사원들은 도움의 손길이 필요한
곳이라면 어디든 먼저 달려가 구호의 손길을 내밀어왔
습니다.

| 제10회 아시아경기대회에 파견된 응급처치요원

　최근의 사례는 2019년 4월 강원도 산불이 크게 발생
했을 때의 일입니다. 재난이 다른 지역보다 잦기 때문
일까요? 강원도 봉사원들의 결속력이 어찌나 강한지,
타의 추종을 불허하는 속도로 봉사원들의 결집과 구호
활동이 이루어졌습니다. 총 2,103명의 봉사원들이 참여
해 2만 5,551명의 이재민들에게 구호 물품을 전달하고
세탁봉사와 재난 심리 회복을 위한 상담 프로그램 등을
제공하였습니다. 특히 적십자 봉사원 중에 고성에 살고
계신 한 봉사원은 자신의 집이 모두 타버렸는데도 불구
하고, 보신에 앞서 다른 사람을 위해 구호 활동에 참가
했습니다. 그 이타적이고 놀라운 봉사 정신이 얼마나
숭고하고 아름답게 보였는지 모릅니다. 숭고한 봉사

정신을 실천하는 모든 분들에게 진심으로 감사를 드립니다.

그리고 이러한 재난 상황에서 원활한 대처가 이루어질 수 있도록 항상 두 눈을 부릅뜨고 있는 사람들이 있습니다. 재난이 발생하면 대한적십자사 재난안전종합상황실은 재난 현장의 상황을 실시간으로 모니터링하고 필요한 물자와 인력을 현장에 지원하는 데 총력을 기울입니다. 현장이 아니기에 눈에 잘 띄지 않지만 이들도 적십자사의 활동을 그늘에서 떠받치는, 더할 나위 없이 귀한 사람들입니다. 국내 재난뿐만이 아니라, 해외 재난 발생 시에 국제적십자사연맹과 협력하여 신속한 구호가 이루어질 수 있도록 항시 준비하고 있습니다.

| 이라크전쟁 시 팔레스타인 난민촌 구호 활동

재난은 결코 일어나서는 안 될 일이지만, 재난 구호라고 하는 선한 행동은 또 다른 좋은 기회로 다가올 때도 있습니다. 가령 국내에서는 1984년에 일어난 수난으로, 수도권에 큰 피해를 입었던 적이 있습니다. 다행히 국민들의 단합으로 수해 복구가 마무리되었을 무렵, 북한적십자사가 남한 수해민들에게 구호물자를 전달하겠다고 제안했습니다. 당시에는 판문점 도끼만행사건, 아웅산 묘소 폭탄 테러로 인해 남북관계가 굉장히 악화되어 있었습니다. 그런데 대한적십자사가 과감히 북측의 제의를 수락하였고, 이를 계기로 남북적십자회담이 재개되었으며 드디어 1985년 최초의 이산가족 상봉이 이루어질 수 있었습니다. 국외 재난에서도 이런 사례가 있습니다. 1988년 구소련의 아르메니아에서 사상 최악의 대지진이 발생했습니다. 당시는 아직 한국과 소련 사이에 교류가 없던 시기였습니다. 그러나 대한적십자사와 국제적십자사연맹은 소련적십자사의 국제 호소에 응해, 이재민들에게 구호물자를 지원하였습니다. 아르메니아 대지진 구호 활동은 한국과 소련 두 나라 사이에 신뢰를 쌓아가는 초석을 다질 수 있었고, 이후 한국과 소련은 1990년 국교를 수립하게 되었습니다.

| 서울 삼풍백화점 붕괴사고 현장에서의 인명구조 모습

　　대한적십자사는 재난 발생 지역과 발생 규모를 가리
지 않고, 포착되는 모든 재난에 선도적으로 대응하고
있습니다. 국내의 대형 재난인 삼풍백화점 붕괴, 태풍
매미와 루사, 대구지하철 화재, 세월호 사고 등과 해외
재난인 미국 허리케인 카트리나, 동일본 대지진, 필리
핀 태풍 하이옌, 네팔 지진 등 국내외의 각종 재난현장
에서 대한적십자사가 함께했습니다. 국민들이 맞아야
했던 어떠한 어려움에도, 적십자사가 결코 물러나지 않
고 인도주의 정신을 실천하기 위해 애썼던 사실은 저

로서도 무척이나 자부심이 느껴지는 역사입니다. 저만이 아니라 우리 모두가 기억하고 되새겼으면 하는 일입니다.

대한적십자사는 재난 상황만이 아닌 평시에도 적십자정신을 실천할 수 있도록, 현재 적십자 병원 7개소를 운영하고 있습니다. 서울, 인천, 상주, 통영, 거창, 경인재활(인천 소재), 영주병원입니다. 이 모든 병원들은 지역거점 공공병원으로서 공공의료 업무를 지역 특성에 맞게 운영하고 있지만, 공공의료 업무를 전개하면서 흑자로 운영하는 것이 아주 어려운 것이 작금의 현실입니다. 대한적십자사는 이런 어려운 현실 속에서 보건복지부, 지방자치단체와 긴밀하게 협조하면서 병원을 운영하고 있습니다. 여기에서도, 의료지원이 필요한 사람이라면 누구에게든 손을 내미는 보편과 봉사의 정신을 바탕으로 하고 있습니다.

60여 년 전 제가 서울에서 대학을 다니던 시절만 하더라도 서울적십자병원은 서울대학교병원, 연세세브란스병원과 함께 서울에서 손꼽히는 병원이었습니다. 안타깝게도 지금은 과거에 비해 그 규모가 다소 축소되었지만, 아직 19개과 292개 병상을 운영하고 있고, 그중

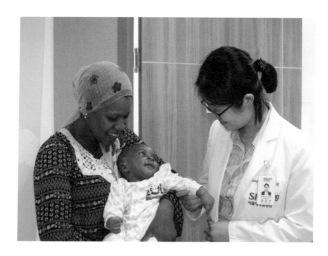
| 의료 소외 계층을 위해 마련된 희망진료센터의 활동

150병상이 간호간병통합서비스 병상입니다. 또한 지역 응급의료기관, 호스피스완화병동 등을 갖추고 있으며 전공의 수련을 실시하고 있기도 한 종합병원입니다. 소유한 면적이 협소한 탓에 현대적인 형태의 병원으로 도약하는 길이 막혀 있어서 안타깝지만, 이러한 여건하에서도 인도주의에 입각한 적십자정신을 바탕으로 의료 활동에 매진하고 있습니다.

모든 분들에게 감사를

국민과 함께한 대한적십자사의 역사와 활동을 간략하게나마 말씀드렸습니다. 우리가 이렇게 활동하고 있다는 것을 국민 여러분께 설명드릴 수 있다는 것은 저로서도 무척이나 기쁜 일입니다. 그렇지만 이번에 소개한 역사와 활동은 극히 일부분일 뿐입니다. 그래서 "회장이 우리 역사와 활동에 대해서 잘 모르고 있는구나" 하고 생각할 지도 모릅니다. 적십자사가 해왔던 모든 일을 시시콜콜히 국민 여러분께 설명드릴 수도 없으니, 꼭 알아주었으면 하는 사실 위주로 설명을 드리게 되었습니다. 어쩔 수 없었다고는 하나 여기에서 소개되지 않은 많은 분들에게 오직 미안할 뿐입니다. 하지만 그럼에도 불구하고, 우리 모두는 적십자정신으로 뭉쳐 함께 인도주의 역사를 만들어온 동지들입니다. 언제나 고마움과 존경을 잊지 않고 있으며, 이런 아쉬움을 극복하고 부족한 저를 이해해줄 줄 아는 적십자의 가족이라고 믿어 의심치 않습니다.

많은 적십자 가족들이 고맙게도 보신을 뒤로 한 채 활동에 매진하고 있습니다. 그러나 대한적십자사가 운신을 자유롭게 하기에 국내법적으로 많은 제약이 있는 것이 안타깝습니다. 전 세계 191개국의 모든 적십자사는 제네바 협약에 기초한 동일한 기치 아래서 움직이고 있는 국제기구 특수법인입니다. 전 세계의 거의 모든 국가가 제네바 협약을 비준하고 있는 것과 마찬가지로, 적십자사를 특수법인으로 인정하고 있습니다. 이는 모든 적십자사가 국제적십자위원회와 국제적십자사연맹의 규약에 따라 통제되며, 그 공익성과 공공성을 각국이 국내법을 통하여 보장해야 한다는 의미입니다. 이를 통해서 적십자사는 스스로의 존재가치raison d' être를 자리매김하고 있습니다.

그러다보니 다른 나라의 적십자사가 운영되는 양상을 보면, 각 국가가 세제 혜택이나 사업비 지원 등을 법으로 보장해주고 있는 일이 많습니다. 그러나 안타깝게도 대한민국은 법적인 제도가 미비해, 대한적십자사가 국제기구 특수법인으로서의 성격을 제대로 인정받지 못하고 일반적인 공공기관과 같은 틀에 묶여 있는 상황입니다. 그것이 적십자사가 공익 활동을 하는 데 발목을 잡는 경우가 적지 않습니다. 이런 안타까운 상황 속에서, 무려 70년 동안이나 정체되어 있었던 대한적십자사 조직법과 관계법이 21세기에 맞게, 그 목적과 본의를 다할 수 있는 방향으로 개정되어야 한다는 것이 저의 간절한 바람입니다. 그에 앞서, 정부 관료와 정치인들을 포함한 모든 국민 여러분들께서 적십자의 존재 의의를 알아주시고, 좀 더 발전할 수 있게끔 조직법을 개정하는 데 힘을 보태 주시기를 바라며 이 글을 씁니다. 반드시 그렇게 되기를 소망합니다.

이런 어려운 상황 속에서도 적십자사가 뜻을 펼칠수 있는 것은 많은 고마운 분들의 지지가 있기 때문입니다. 고마운 분들을 헤아리자면 그야말로 끝이 없습니다. 이 자리에서 한 분 한 분 헤아릴 수 없는 것이 아쉬울 따름입니다. 지금도 뙤약볕 밑에서 봉사하느라 고생하고 계시는 우리 봉사자님들, 헌혈을 통해 인도주의

사명과 사랑을 실천해주시는 국민 여러분, 적십자 회비를 납부하여 우리 적십자사를 지탱해주시는 고마운 회원분들 모두가 인류애의 사도입니다. 함께 고생해주시는 15개 지사의 회장님들과 각 분야의 홍보대사, 각 위원님들을 위시하여 두 분의 부회장님들에게도 항상 감사합니다. 전임 총재, 부총재님들 가운데는 지금은 세상을 떠나신 분들도 계시고, 조용히 살고 계시는 분도 계시지만, 제 마음 속에서는 언제까지나 살아 있습니다. 직접 몸으로 보여주신 고귀한 인도주의 실천을 되새기면 언제나, 밤하늘에 빛나는 별보다 반짝이는 보람과 긍지를 느낍니다. 죽을 때까지 인류를 걱정하던 뒤낭이 "인류애는 어디로 갔는가"라는 걱정 어린 말로 생애를 마무리 했다는 말이 전해집니다. 저는 이 자리에서 답할 수 있습니다. 인류애는 여기에 있습니다. 우리 마음속에 있습니다. 우리가 맞잡은 손 안에서 인류애는 피어납니다. 뒤낭이 살던 스위스에서 멀리 떨어진 이역만리, 그가 밟아보지도 않은 땅에서도 적십자정신이 꽃을 피웠습니다. 우리 대한적십자사가 한반도에서 피어나는 인도주의 정신의 본부이며 근원지임을 자랑스럽게 생각합니다. 여기에 힘을 보태주시는 한 분 한 분이 뒤낭 못지않은 인류애의 화신이며, 박애 정신의 실천자임을 뿌듯하게 여깁니다. 이 사실을 온 국민이 알고 자랑스럽게 여길 수 있었으면 합니다. 머지않은 장래에 실현될 것임을 믿어 의심치 않습니다. 그날을 위해 우리 모두, 지금 이대로 힘냅시다.

감사합니다.

박경서

마치면서

제네바의 구舊시가지 아래 유서 깊은 대학과 종교개혁자들의 기념비가 있는 바스티옹 공원Parc des Bastions과 박물관이 된 제네바 구시청Musee Rath. 대극장Grand-Theatre에 둘러싸여 있는 뇌브 광장Place Neuve 한가운데에는 스위스 인들의 영웅 앙리 뒤푸르 장군의 기마상이 있습니다. 거기서 한쪽으로 살짝 떨어져, 구도심으로 올라가는 언덕 입구로 눈을 돌리면 머리 조각상이 하나 보입니다. 앙리 뒤낭의 두상입니다. 제네바에서 살던 시절 그곳을 수없이 지나다니면서도 그저 무심하게 지나쳤습니다. 그저 적혀 있는 대로 스위스의 영웅이겠거니, 적십자 설립자겠거니 했을 뿐입니다.

제네바 출신, 적십자의 설립자, 『솔페리노의 회상』의 저자. 이것이 뒤낭에 대해 제가 아는 전부였습니다. 제네바에 사는 동안 ICRC 사무실 옆에 있는 적십자 박물관에 방문한 적이 있습니다. 앙리 뒤낭이 솔페리노 전투를 보고 책을 쓰게 되는 과정을 마치 영화처럼 만들어 보여주고 있었지요. 나폴레옹 3세가 전쟁터에서 입었던 군복도 전시되어 있었고 1·2차 세계대전 중 실종자, 포로들의 연락처를 적어놓은 도서관 카드를 정리해 놓은 것 같은 박스들이 매우 인상적이었던 기억이 있습니다. 그게 어느덧 30여 년 전의 일입니다.

2018년 8월 18일 남편이 대한 적십자사 회장직을 맡고 난 후 많은 축하인사를 받았습니다. 그중에 스위스에서 온 메일이 하나 있었습니다. 협동조합 이사장을 맡고 있었던 남편과 나는 스페인 바스크^{Vasco} 지방의 몬드라곤^{Mondragon}에 있는 협동조합 본부와 이탈리아 볼로냐 등지를 협동조합 조합원들과 함께 여행한 적이 있었습니다. 그때 만났던 엄태진이란 젊은이가 스위스에서 식당을 운영하겠다고 했었는데, 바로 이 엄 셰프가 뉴스에서 남편의 소식을 보고 연락을 한 것입니다. 바로 전날 그곳 하이덴에 있는 적십자사에서 음식을 대접했다고 하며, 놀라운 인연이라며 축하인사를 보내온 것입니다. 부끄럽게도 저는 이 메일을 보고서도 스위스 서쪽 끝에 있는 제네바 출생인 뒤낭이 엉뚱하게 스위스 동쪽 끝에 위치한 하이덴과 무슨 관련이 있는지 영문을 알 수 없었습니다.

뒤낭이 태어난 제네바는 1815년 스위스 연방에 가입하기 전까지는 작은 도시공화국이었습니다. 교통의 요지로 로마시대부터 교역이 활발하였고 중세시대부터 매년 큰 장Messe이 열렸기에 여러 나라와 다양한 직업을 가진 사람들이 모였던 곳입니다. 15세기 이미 금융의 중심지로 등장하였고 칼뱅의 종교개혁 후에는 프랑스의 많은 개혁교회를 믿는 사람들이 박해를 피해 피난을 오기도 한 곳입니다. 1559년에 세워진 제네바 아카데미로 스코틀랜드와 네덜란드 등 유럽 전역의 신학생들이 몰려들기도 했습니다. 또 개혁이념을 전파하기 위한 종교서적들의 출판도 활발해서 인쇄업도 발달했지요.

강대국 프랑스와 사보이왕국 사이에 위치한 제네바는 바로 이웃 스위스 연방보다는 개혁사상인 프로테스탄트 신앙으로 뭉친 먼 이웃나라, 즉 독일의 개혁교회, 네덜란드, 영국, 스코틀랜드 등지와 교류가 많고 연대

감이 강한 지역이었습니다. 가톨릭 국가인 프랑스와는 사보이국에 병합되는 것을 막으려는 의도에서 전략적으로 프랑스와는 긴밀한 연결을 맺고 있었습니다.

상인들과 은행업자들 덕에 제네바는 유럽의 북에서 남으로, 동에서 서로 관계망을 일찍이 가지고 있었습니다. 이처럼 세계에 열려 있고 국제적인 연대를 가진 사회는 당연히 뒤낭의 박애주의적인 사상를 받아들이고 전 세계에 전파할 수 있는 토양이 만들어져 있었습니다. 다시 말해 글을 쓰고, 여행하고 정보를 나누고 접촉하여 세계에서 일어나는 일들을 사람들은 쉽게 받아들일 수 있는 곳이었던 것입니다. 즉, 19세기 제네바는 이미 정보화 시대에 진입해 있었습니다.

반면 동쪽 끝에 있는 하이덴은 아펜첼Appenzell 지역의 전형적인 특색이 드러나는 곳입니다. 아직도 지역의 관리를 전 주민이 모여서 민회로 선거를 하는 풍습을 종종 보여주는 곳이기도 하지요. 엄 셰프의 메일을 계기로, 불어를 쓰는 국제도시 제네바 출신인 뒤낭이, 스위스독일어를 쓰는 하이덴에서 23년을 살았고 그곳의 한 병원에서 18년을 살다가 죽었다는 사실을 알게 되었습니다. 지금은 1층을 뒤낭 박물관으로 만들어 뒤낭이 쓰던 물건들을 전시하고 있다는 것도 말입니다.

그리고 적십자 이사회에 참석하는 남편을 따라서 직접 하이덴을 방문해보기로 했습니다. 그곳 박물관을 돌아보고 여러 책자들을 가져와서 읽으면서 참 드라마틱한 인생을 산 인물이구나 하는 생각을 하면서 뒤낭에 대해 전기를 간단하게나마 쓰고 싶다는 생각을 하였습니다.

앙리 뒤낭이 살던 시대는 유럽 역사에서 가장 역동적인 시대였습니다. 1789년 프랑스 혁명과 나폴레옹의 유럽제패를 이어 1815년 빈 체제로 유럽은 세력균형을 되찾은 듯했습니다. 그러나 1830년 프랑스 혁명에 이어 유럽 각지에서 혁명이 산발하는 1848년 즈음이 되면, "프랑스가 기침을 하면 전 유럽이 감기에 걸린다"라고 할 정도로 프랑스 혁명이념인 자유주의와 민족주의의 열기가 점점 고조됩니다. 거기다가 산업혁명의 영향으로 새로운 노동자층이 등장하면서 사회주의 사상이 대두되기도 했습니다. 1848년은 그 유명한 카를 마르크스의 〈공산당선언〉이 나온 해이기도 합니다.

또 수백 년간 통일국가를 이루지 못하고 있던 유럽 중앙에 위치한 독일과 이탈리아반도는 프랑스 혁명이

념의 영향으로 통일운동을 활발하게 전개한 시기입니다. 뒤낭이 목격한 이탈리아 통일 전쟁 말고도 독일 통일을 위한 독일과 덴마크의 전쟁, 독일과 오스트리아의 전쟁, 독일과 프랑스의 전쟁 등 전쟁이 끊이지 않았던 시기이기도 하지요.

이러한 역동적인 역사의 한가운데 살았던 뒤낭은 정말 많은 얼굴을 가지고 있었습니다. 알제리 식민지 사업가, 적십자 창설과 제네바 협정의 발기인, 신용불량이 된 파산자, 프로이센의 스파이, 비전을 가진 자, 노벨상 수상자. 이 복합적이고 다면적인 모습에 흥미를 가지게 되는 것도 이상한 일이 아니었지요.

앞서 살펴본 것처럼, 뒤낭은 그 역동적인 시대만큼이나 역동적인 생애를 보냈습니다. 그리고 그 삶이 지금 우리에게 미치는 영향 또한 지대합니다. 우리는 지금 흔히 뉴스에서 적십자 표장을 단 차량이나 적십자 활동 현장을 볼 수 있고, 전쟁을 다루는 영화라면 그 무엇을 보더라도 '제네바 협약'이라는 말이 나옵니다. 제네바 협약과 적십자는 현대인의 삶에서 더할 나위 없을 정도로 자연스럽게 받아들여지고 있습니다. 이것이 단한 사람의 비전에서 출발했다는 것, 한 개인이 전 세계

70억 사람에게 영향을 줄 수 있음을 생각하면 몹시 가슴이 설렙니다. 그것을 모든 사람에게 알려주었으면 하는 바람에서 이 책은 시작되었습니다.

책을 쓰면서 많은 분들의 도움을 받았습니다. 뒤낭의 『솔페리노의 회상』에서 나온 대부분의 인용문은 2009년 대한적십자사에서 출판한 책에 근거하였으며, 그 외의 인용문은 이본 슈타이너^{Yvonne Steiner}가 쓴 『Henry Dunant Biographie』(Appenzeller Medienhaus, 2010)에서 발췌한 것을 직접 번역한 것입니다. 그외에도 다양한 사료의 도움을 받았습니다. 세계 각지에서 많은 사람이 뒤낭의 삶과 인도주의 정신을 서로 나누고 전파하기 위해서 저마다 힘쓰고 있습니다. 작업 와중에 그 사실을 절실히 느끼고 감사하게 되었습니다.

아마도 이 책이 출판되는 것을 가장 기뻐하실 저의 아버지 오주영 님과, 이 땅에서 인도주의를 실천하기 위하여 헌신하는 모든 분들에게 이 책을 바칩니다.

오영옥

우리 모두는 형제다

ⓒ대한적십자사, 2019. Printed in Seoul, Korea

초판 1쇄 찍은날 2019년 10월 18일
초판 1쇄 펴낸날 2019년 10월 27일

기획	대한적십자사
지은이	박경서·오영옥
펴낸이	한성봉
편집	안상준·이동현·하명성·조유나·최창문·김학제
디자인	전혜진·김현중
마케팅	박신용·강은혜·박민지
경영지원	국지연·지성실
펴낸곳	도서출판 동아시아
등록	1998년 3월 5일 제1998-000243호
주소	주소 서울시 중구 소파로 131 [남산동 3가 34-5]
페이스북	www.facebook.com/dongasiabooks
인스타그램	www.instagram.com/dongasiabook
전자우편	dongasiabook@naver.com
블로그	blog.naver.com/dongasiabook
전화	02) 757-9724, 5
팩스	02) 757-9726

ISBN   978-89-6262-306-2 03330

이 도서의 국립중앙도서관 출판예정도서목록(CIP)은
서지정보유통지원시스템 홈페이지(http://seoji.nl.go.kr)와
국가자료공동목록시스템(http://www.nl.go.kr/kolisnet)에서
이용하실 수 있습니다.(CIP제어번호 : CIP2019039827)

※ 잘못된 책은 구입하신 서점에서 바꿔드립니다.

만든 사람들

편집	최창문
크로스교열	안상준
디자인	김현중
본문조판	김경주

박경서

서울대학교 사회학과를 졸업하고 독일 괴팅겐대학교에서 사회학 석사와 박사 학위를 받았다. 서울대학교 사회학과 강사, 크리스찬 아카데미 부원장, WCC 아시아 국장으로 일했다. 2000년 귀국 후 대한민국 초대 인권대사, 국가인권위원회 상임위원, 경찰청 인권위원회 위원장, 진실·화해를 위한 과거사정리위원회 자문위원, 통일부 정책위원회 위원장, 성공회대와 이화여대, 동국대 석좌교수를 거쳐 2017년 8월 대한적십자사 회장에 취임했다.

　다수의 영문 저서를 포함해 『인권대사가 체험한 한반도와 아시아』『지구촌 시대의 평화와 인권』『세계시민 한국인의 자화상』『WCC 창으로 본 70년대 한국 민주화 인식』『책 읽는 청춘에게』(공저) 『인권이란 무엇인가』『그들도 나처럼 소중하다』『평화를 위한 끝없는 도전』(공저) 등을 썼으며, 『독일 통일의 주역, 빌리 브란트를 기억하다』(공역)를 번역했다.

오영옥

이화여대 사학과 졸업 후 독일 괴팅겐대학에서 서양 근현대사를 공부했다. 이후 스위스 프리부르대학에서 석사 학위를 취득하고 박사 과정을 수료했다. 한국외대, 장로회신학대, 덕성여대에서 문화사를, 이화여대 평생교육원에서 유럽문화의 이해에 대해 강의했다. 『영원한 국모 마리아 테레지아』『종교개혁 이후의 독일 교회사』(편저) 등을 썼으며 『독일 통일의 주역, 빌리 브란트를 기억하다』(공역) 『폭력에 대항하는 양심』『체스, 아내의 불안』등을 번역했다.